29,80

Helmut Herberg

Von stolpernden Engeln, hartnäckigen Zweiflern und mutigen Kindern

Helmut Herberg

VON, STOLPERNDEN ENGELN, HARTNÄCKIGEN ZWEIFLERN UND MUTIGEN KINDERN

EIN LESEBUCH

rex verlag luzern

Die Deutsche Bibliothek – CIP-Einheitsaufnahme

Herberg, Helmut:
Von stolpernden Engeln, hartnäckigen Zweiflern und mutigen Kindern :
Ein Lesebuch / Helmut Herberg. –
Luzern : Rex-Verl., 2000
ISBN 3-7252-0695-3

© 2000 by rex verlag luzern
Umschlagillustration: Mariann Bürgi, Oberwil b. Büren
Gesamtherstellung: Ebner Ulm
ISBN 3-7252-0695-3

Unseren Kindern
Matthias, Christine, Martin und Benjamin

Für seine narrativ seelsorgerlichen Predigten »Von stolpernden Engeln, hartnäckigen Zweiflern und mutigen Kindern« wurde Helmut Herberg im Januar 1998 mit dem »Bibelpreis der Evangelischen Landeskirche Württemberg 1997« ausgezeichnet.

INHALTSVERZEICHNIS

Einleitung   11

I. Mit Gott im Gespräch bleiben   14

1. Heute ist mein Leben heil geworden (Markus 12, 30 + 31)   16
2. Beten verwandelt die Wirklichkeit (2. Mose 32, 11-14)   24
3. Der Glaube wird wieder neu (Jesaja 40, 1-8)   28
4. Wie beten Sie? (Matthäus 6, 6-13)   34
5. Wir wollen keine Almosen! (Lukas 18, 1-8)   39
6. Gott sei Dank, ein Dach über dem Kopf! (Psalm 23)   46
7. Dankbarkeit macht immun (Lukas 17, 11-19)   50
8. Es ist alles gesagt (Römer 8, 26)   56

II. Mit dem Vergangenen Frieden schließen   59

9.   Du bist der Mann! (2. Samuel 12, 1-10. 13-15a)   60
10. Vergeben heißt Chancen geben (1. Johannes 1, 7)   68
11. Der Schmerz ist immer noch groß (Matthäus 21, 1-11)   72
12. Du mutest mir viel zu (Johannes 21, 15-18)   76
13. Warte, das kriegen wir auch noch hin   80
     (Lukas 24, 13-35) Ostern
14. Den Weg werde ich nie vergessen (1. Mose 22, 1-14)   85

III. Neue Lebensräume tun sich auf   90

15. Der Horizont weitet sich (Markus 16, 1-8)   91
16. In deiner Nähe kann ich wachsen (1. Korinther 15, 1-10)   97
17. Jeden siebten Korb verschenke ich (Markus 3, 1-6)   103

18. Nehmt neues, wildes Land unter den Pflug   110
    (Hosea 10, 12)
19. Der Fremde zeigte uns den Weg in die Freiheit   115
    (Apostelgeschichte 9, 1-20)
20. Verlasst die Torheit, so werdet ihr leben (Sprüche 9, 6)   122

IV. Geschwisterlich leben   126

21. Wie zwei Kinder des selben Vaters (Römer 9, 1-5)   128
22. Lass den Baum des Friedens schneller wachsen   132
    (Jeremia 29, 1+4-7, 10-14)
23. Wenn es für die Ärmsten keine Hoffnung gibt   138
    (Jesaja 1, 10-17)
24. Alle Welt läuft ihm nach (Johannes 12, 12-19)   145
25. Keiner darf hungrig bleiben! (1. Korinther 11, 17-26)   153
26. Eine Klingel gab es nicht (Offenbarung 3, 20)   162
27. Wir brauchen einander (1. Korinther 12, 20 + 21)   166
28. Du darfst ihn hier nicht liegen lassen   170
    (1. Johannes 5, 11-13)
29. Warum hast du dich daneben gemalt? (Lukas 17, 21)   175
30. Und was hab ich davon? (Josua 1, 9)   179
31. Der stolpernde Engel bringt das Verlorene zurück   184
    (Prediger 3, 6)
32. Alle meine Botengänge sind Wege zur Gerechtigkeit   191
    (Jesaja 32, 17)
33. Wie mir Flügel gewachsen sind (Jesaja 40, 29 + 31) 194

Quellen   198

Einleitung

Die in diesem Lesebuch zusammengefassten Geschichten können als Fortsetzung der Erzählungen »Von Eseln, Querdenkern und Habenichtsen« gelesen werden und bilden doch in sich eine selbstständige Einheit. Allerdings – und das verbindet sie wiederum mit den vorangehenden – alle Geschichten sind auf biblische Texte bezogen und beschreiben den weiten Raum, in den Gott uns ruft.

Dieser weite Raum ist jedoch kein Rückzugsort für die Pflege privater Innerlichkeit, sondern Ausgangspunkt und Kraftquelle für ein mitmenschliches, ein solidarisches Leben. Wenn die Schatten der sogenannten Wohlstandsgesellschaft länger und immer mehr Menschen in die Dunkelzone des Vergessens abgeschoben werden, dann sind Christinnen und Christen herausgefordert, die im Dunkeln Stehenden zu sehen und in ihnen Christus selbst zu erkennen.

»Siehe!«, heißt es oft in der Bibel. Frauen und Männer werden ermutigt, die Augen nicht zu verschließen, sondern genau hinzusehen. Das genaue Hinsehen aber beginnt damit, dass Menschen die Quellen entdecken, aus denen sie Kraft schöpfen können. Quellen, die den Durst nach Leben stillen und auch in Dürrezeiten nicht versiegen.

Allerdings – mit dem Sehen und Entdecken der Quellen allein ist es nicht getan: Sie müssen auch davor geschützt werden, zugemüllt, verschüttet oder vergiftet zu werden.

Die Geschichten in Kapitel I erzählen deshalb von Menschen, die mit Gott im Gespräch bleiben, sich für ihn ansprechbar machen und einen klaren Standpunkt beziehen. Betende lassen sich nicht mehr durch Angst stabilisieren. Sie bringen die Wirklichkeit vor Gott, erkennen in verschiedenen Lebenssituationen Schöpfungsmöglichkeiten und finden so ihren Weg aus Selbstfestlegungen und lähmender Resignation.

So wie jener Mann in der chassidischen Geschichte Martin Bubers: Der gelähmte Großvater erzählt wie sein Lehrer, der berühmte Baalschem, beim Beten hüpfte und tanzte. Der Lahme erzählt und beginnt dabei selbst zu hüpfen und zu tanzen.

In den Geschichten von Kapitel II begegnen uns Menschen, denen es schwerfällt, die dunklen und belastenden Ereignisse anzunehmen und mit ihrer Lebensgeschichte zu verknüpfen. Die Zumutungen, mit dem Vergangenen Frieden zu schließen, machen den Blick auf das Kommende frei.

Das Wort der Vergebung befreit und entlastet. Es erlöst jedoch nicht von vielen offenen Fragen. So erzählen diese Texte von dem »Dennoch« des Glaubens: Obwohl der Schmerz immer noch gross ist und manche Wege nie vergessen werden können, tun sich neue Lebensräume auf.

Diese gewissmachende Erfahrung des christlichen Glaubens liegt in Jesus Christus, dem Gekreuzigten und Auferstandenen, begründet.

Das dritte Kapitel beginnt deshalb mit zwei österlichen Geschichten. Im Namen des auferstandenen Christus wagen Menschen den Aufstand gegen den Tod.

In den Geschichten von Kapitel III sind Frauen und Männern beschrieben, die die »Fassadenwelt« durchschauen. Sie entlarven Geschichtsvergessenheit, postmoderne Beliebigkeit und Gleichgültigkeit, Ungeduld und arrogante Dummheit als Verbündete des Todes.

Auch wenn der Weg zum Ziel, zu einer neuen Welt, in der Leid und Krieg überwunden sind, noch lang ist, so macht die Erfahrung, mit vielen Menschen auf der ganzen Erde verbunden zu sein, Mut weiterzugehen. Menschen, die miteinander unterwegs sind, sich dabei ihre Lebensgeschichte mit Gott erzählen, entdecken: Wir sind Geschwister, Töchter und Söhne desselben Vaters, derselben Mutter.

Aus dieser Erkenntnis erwächst die Verpflichtung, einander nicht mehr allein zu lassen. Hunger, Einsamkeit, Ausgrenzung und Diskriminierung bleiben nicht länger Einzelschicksale, mit denen sich Betroffene verstecken müssen oder durch andere ins Dunkel abschieben lassen. Sie sind in den Gottesdiensten der christlichen Gemeinde alltägliche Gegenwart. Nicht als belastendes Aktionsprogramm herablassender Nächstenliebe, sondern als ein fröhliches Begegnen im Geben und Nehmen, als ermutigende Erfahrung, dass das Leben nur miteinander gelingen kann. So erzählen die Geschichten in Kapitel IV wie Frauen, Männer und Kinder geschwisterlich leben. Sie verschweigen dabei ihre bitteren Enttäuschungen nicht. Sie erzählen, wie sie über eine flüchtige Bemerkung stolpern, bei einem Nebensatz hellhörig werden und sich mit aller Kraft gegen den Gedanken wehren, die Begegnung mit diesem Menschen sei zufällig. Sie wissen darum, dass auch sie Mangelwesen sind und fragen sich selbst immer wieder, was denn leichter ist: Hilfe zu geben oder anzunehmen.

Dem vorliegenden Buch wünsche ich, dass es nicht schnell ausgelesen, sondern immer wieder zur Hand genommen wird; dass es in der Leseecke des Wohnzimmers, im Bücherregal des Arbeitszimmers und/oder auf dem Nachttisch einen Platz findet, oder von dort dann als Vorlesebuch mitgenommen wird: in die Schule, den Jugendkreis, den Kinder- und Familiengottesdienst, ins Krankenhaus und Altersheim.

Ich wünsche Ihnen, den Leserinnen und Lesern, dass Sie ermutigt werden, die Geschichten weiterzuerzählen und eigene, eben Ihre Geschichten, selbst entdecken.

Ich hege dabei die Hoffnung, dass Sie über die ein oder andere Geschichte stolpern und sich selbst als Engel erleben werden ...

Helmut Herberg

I. Mit Gott im Gespräch bleiben

»Heute ist mein Leben heil geworden.« Diese Überschrift der ersten Geschichte (1) leuchtet in vielen anderen Geschichten immer wieder auf. Menschen entdecken ihre Seele, ihre tiefe Verbundenheit mit Gott und sagen: Danke, guter Gott! Ihr Leben wird heil, obwohl viele Wünsche unerfüllt und sie vor schwerer Krankheit, Leiden und Enttäuschungen nicht verschont bleiben.

Die Geschichten im ersten Kapitel erzählen von Frauen und Männern, die mit Gott im Gespräch bleiben und deshalb wissen:

»Groß ist die Kraft des Gebetes. Denn Gott anbeten heißt, seine Gegenwart in der Welt ausbreiten ... Beten heißt, seine Gegenwart spüren.« (A. J. Heschel: »Der Mensch fragt nach Gott«, S. 40 + 42)

Beten verwandelt die Wirklichkeit (2). Betende Menschen verändern sich zum Guten. Sie finden aus tiefer Verzweiflung den Weg zu einem neuen Vertrauen (3), kommen mit jener Lebenskraft in Kontakt, die Ohnmacht überwindet (4).

Beten ist eine Widerstandsbewegung gegen Mächte, die Menschen demütigen, unterdrücken, ihnen Unrecht zufügen. Wer mit Gott im Gespräch bleibt, entdeckt die eigene Würde und wehrt sich dagegen, wenn er/sie selbst oder andere Menschen auf Almosenempfänger reduziert werden (5).

Dem bekannten Psalm »Der Herr ist mein Hirte« liegt das Lied eines Verfolgten zu Grunde, der im Hause Gottes Asyl findet und voller Dankbarkeit betet: Du bereitest vor mir einen Tisch im Angesicht meiner Feinde (6).

Dankbarkeit macht immun und ist der Weg, sich das Glück schenken zu lassen (7). Wenn es uns jedoch angesichts des Leides in der Welt den Atem verschlägt, werden Tränen zum Gebet. Denn für sie, die Betenden, gibt es kein fremdes Leid. Damit ist alles gesagt (8).

1. Heute ist mein Leben heil geworden

Markus 12, 30 + 31

Es gab, so wird erzählt, eine lange Ratssitzung im Himmel: Im Mittelpunkt stand die Frage: Ob die Menschen eine sichtbare oder eine unsichtbare Seele bekommen sollten. »Eine unsichtbare Seele«, sprach Gott. »Eine Seele, die den Menschen ganz erfüllt, die er in jedem Teil seines Körpers trägt und spürt.« Der Erzengel Gabriel schüttelte voller Bedenken sein weises Haupt: »Die Menschen wollen etwas Handhabbares, etwas zum Anfassen. Eine unsichtbare Seele … ich fürchte, sie werden bald vergessen, dass sie eine Seele haben, wenn sie sie nicht ständig anschauen können.«

Michael, der Engel zur Linken Gottes, meldete sich ebenfalls zu Wort: »Eine unsichtbare Seele, so wie du, großer Gott, sie uns allen gegeben hast, wäre für die Menschen sicherlich das Beste. Jedoch, gütiger Gott, es gilt zu bedenken, wir leben in deiner unmittelbaren Nähe. Unsere unsichtbare Seele spiegelt sich in deinen Augen. Die Menschen aber, die Menschen leben Lichtjahre entfernt von dir auf dem Planeten Erde. Ich weiß, sie tragen dein Bild in sich, doch die große Entfernung, ich fürchte, dein Bild verblasst in ihnen und sie vergessen ihre Seele.«

»Zweifelst du etwa an der Qualität meiner Schöpfung?«, fragte Gott zurück. »Nein«, antwortete der Engel Michael entschlossen. »Es gilt jedoch zu bedenken, dass du ja selbst die Bedingungen der Gefährdung geschaffen hast. Sie sind, wie du einmal sagtest, die Schatten deines Lichtes. Wenn nun der Mensch in den Schatten tritt oder in jenen Übergangsbereich von Licht zum Schatten. Dein Bild könnte sich in ihm verdunkeln und die unsichtbare Seele verschatten.«

Lange saß Gott schweigend im Rat der Götter- und Engelsgemeinde.

»Die Bedingungen der Gefährdung«, wiederholte er und fügte hinzu: »Also lasst es uns versuchen, für sieben Jahrzehnte. Wir geben den Menschen eine sichtbare Seele, eine Glasseele.«

So geschah es. Jeder Mensch wurde mit einer winzigen Seele, einer Glaskugel im Ohr geboren. Die Glaskugel wirkte wie ein Hörgerät. Sie verwandelte die Stimmen in Lebensmelodien. Sodass ein winziger Mensch lächelte, wenn die Mutter oder der Vater mit ihm sprachen. Der kleine Mensch verstand nichts und doch dank seiner Seele alles. Die Seele wuchs mit dem Körper.

Spannend war der Tag, an dem ein Mädchen eine Frau, ein Junge ein Mann wurde. Das war ein großes Fest. Die Seele, jene wunderbare Glaskugel, wurde dann vorsichtig aus dem Ohr genommen. Unbeschreiblich der Augenblick, an dem ein junger Mensch zum ersten Mal seine Seele anschaute, sich in ihr spiegelte.

Nun trugen die Männer ihre Seele vorsichtig unter dem rechten oder linken Arm, in der warmen Achselhöhle. Die Frauen trugen sie wie eine Perle zwischen ihren Brüsten. Die Seele passte, ja schmiegte sich dem Körper an.

Der Mann hatte eine etwas kleinere Seele. Bei allem was er tat, musste er vorsichtig, behutsam, langsam und zärtlich sein, sodass seine Seele nicht Schaden nahm oder er sie gar verlor. So konnte er nie den Arm zum Gruß erheben oder strammstehen und die Hände an die Hosennaht legen. Wenn er seine Frau drückte, spürte er ihre Seele und war davor geschützt, sie zu fest an sich zu drücken.

Die Frau konnte sich nicht bücken, um dem Mann die Schuhe zu putzen, sie verlor sonst ihre Seele. So war es ganz natürlich und selbstverständlich, dass der Mann selbst alle Putzarbeiten verrichtete.

Die Menschen freuten sich über ihre Glasseele, sie nahmen sie überallhin mit, zeigten sie einander. Sie wussten, jede/jeder trägt sie bei sich und das bedeutete: vorsichtig, zärtlich einander begegnen. Keiner trug harte oder spitze Gegenstände bei sich, geschweige denn eine Rüstung oder gar Waffen. Sie wussten um die gegenseitige Verletzlichkeit und lebten danach. Nein, die Seele war nicht so leicht zerbrechlich. Aber sie bekam Sprünge, wenn sie auf harten Boden fiel. Die Sprünge und Risse verzerrten den Durchblick. Es kam zu irrigen Wahrnehmungen. Allerdings, das war ein großes Geheimnis: Die Risse heilten, wie bei ihrem Körper. Der Heilungsprozess dauerte allerdings sehr, sehr lange. Viel länger als bei einer körperlichen Wunde. Und jeder geheilte Riss hinterließ Narben, Trübungen im Glas.

Diejenigen, die ihre Narben kannten, wussten, dass sie zwei-, dreimal durch die vernarbte Stelle schauen mussten, um klar zu sehen. Das war das größte Geheimnis einer Seele: Wenn ein Mensch durch seine Seele schaute, sah er sich selbst und einen anderen Menschen, seine Frau, den Mann, sein Kind, den Nachbarn, einen unbekannten Fremden, je nach Tageslicht und Sonneneinstrahlung. Nie sah er sich ganz allein. Es war allerdings nicht vorauszusehen, wen ein Mensch mitsah. Und je mehr Zeit sich ein Mensch nahm, um durch eine Seele zu schauen, umso klarer sah er, was dem anderen fehlte. Diese Erkenntnis wiederum beflügelte ihre Fantasie, einander das Fehlende zu schenken. Und immer, immer verschmolzen die Bilder zu einem Ganzen, zu einem Bild, in dem sie ihren Schöpfer, Gott, sahen. Sie wurden dann ganz still, die Menschen, sie begannen zu summen, zu singen, zu tanzen …

Jede Glasseele hatte ihre eigene Temperatur, eine eigene Spiegelung und, wenn das Sonnenlicht hindurchfiel, eine eigene Brennweite. Später entdeckten die großen Menschenforscher neben diesen dreien noch vier andere und unverwechselbare Eigenschaften: die Glasstärke und damit die Zerbrechlichkeit, die Leuchtkraft und die Zeit der Heilung und Speicherkraft, die Kapazität, wie sie sagten.

Diese zuletzt entdeckte Eigenschaft stellte sich bald als eine der wichtigsten heraus. Wenn die Menschen spürten, dass ihre Seelen kalt wurden, legten sie sich in die Sonne und warteten, bis die Seele aufgewärmt war. Der Menschen-Mann musste dann alles weglegen und die Hände hinterm Kopf falten. Zum Auftanken brauchten die Menschen viel Zeit, je nachdem, wie leergebrannt die Seele war, sehr viel Zeit. Am besten waren die dran, die sich wie Gott ihnen geraten hatte, mindestens jeden siebenten Tag zum Auftanken freihielten, den Sonntag. Allerdings, immer öfter kam es vor, dass Menschen ihre Seelen ablegten. Erst nur für kurze Augenblicke, meistens dann, wenn etwas zu langsam ging. »Ach was«, rief die Frau, legte ihre Seele auf das Sofa und wickelte hastig ihr Kind, das immer lauter schrie.

Ja, auch das kam häufiger vor: Menschen richteten alle Seelenenergie nach außen. Sie benutzen ihre Seele wie ein Brennglas und verletzten andere tief. Fügten ihnen schmerzliche Brandwunden zu. Daher kam· der Ausdruck »gebranntes Kind«.

Je schnelllebiger die Zeit wurde, umso länger wurden die Zeiten, in denen die Menschen ihre Seelen ablegten. »Seelenlos lebt es sich schneller!«

Diese Erfahrung wurde bald zu einer Lebenseinstellung, zur modernen Lebensform. So konnte ein Mann seelenlos in einer Stunde drei Bäume fällen, ein Stück Land umgraben und hastig noch zehn Minuten mit seinem Kind spielen. Allerdings – die Spielzeiten wurden bald noch kürzer, ja die Ausnahme. Einige Menschen, genannt die neuen Lebenskünstler, verstanden sich darauf, mehrere Dinge gleichzeitig zu tun. Sie hörten jemandem zu und schmiedeten dabei Pläne für das Wochenende. Sie gingen durch die blühende Wiese und rechneten die Getreidepreise aus. »Seelenpausen sparen Zeit«, sagten sie und lachten, aber ihre Augen lachten nicht mit.

Immer öfter kam es vor, dass eine Frau, ein Mann ihre/seine Seele verlor. Dies führte dann zu tiefer Traurigkeit. Sie konnten nicht mehr weinen und nicht mehr lachen. Bei anderen, und das wurden immer mehr, führte das zu einer Flüchtigkeit, die sie mit dem Satz umschrieben: Ich habe keine Zeit. Zu schweren gedanklichen Verirrungen und Illusionen kam es, wenn eine Frau, ein Mann, die Seele eines anderen Menschen für sich weggenommen und die eigene beiseite gelegt hatte. Manche bekamen dann hohes Fieber, andere wiederum litten an Unterkühlung.

Es kam zur Ausbildung ganz neuer Berufsbilder: Seelenjongleure, es gab Seelenpolierer-, Schleifer und andere Seelenspezialisten mit vielen verschiedenen Angeboten. Es gab eine Menge sogenannter Seelenmananger, die sich alle ihre Kurse teuer bezahlen ließen. Am merkwürdigsten in ihrer Arbeits- und Lebensweise waren jene, die sich, wie sie selbst sagten, besondere Sorgen um die menschlichen Seelen machten und sich deshalb als die eigentlichen Seelsorger verstanden.

Sie können sich denken, liebe Leserin, lieber Leser, es kam, wie es kommen musste zu Zank und Streit, zu Kriegen zwischen den Menschendörfern.

Bis Gott vorzeitig abermals eine Ratssitzung zum Thema Glasseelen-Erfahrung einberief: Die Engel saßen mit gebeugtem Haupt da. Ihr Erfahrungsbericht war mehr als traurig:

»Tempo, Gier, Sucht, Krieg.« Damit war alles gesagt. Der Engel Raphael erzählte mit weinender Stimme, dass einige Menschen ihre Seele selbst beim Essen und Trinken ablegten, sich dann wie er sagte, buchstäblich überfraßen und betranken. Andere, so fügte er leise hinzu, magerten dagegen bis zum Skelett ab. Es schmeckte ihnen nichts mehr. Ohne ein Wort der Anklage beendete Gott die Debatte und stellte seinen neuen Schöpfungsplan vor: »Im kleinsten Teil«, so begann er, »steckt die größte Wirkkraft, die größte Energie. Wenn dies die Menschen entdecken, dann …« Er stockte. »Ich werde den Menschen eine innere, unsichtbare, unverlierbare Seele geben.«

In der folgenden Nacht schickte Gott einen Tiefschlaf über die Menschen. Die Engel flogen auf die Erde, sammelten alle Glasseelen ein. Gott hatte ihnen den Blick geschärft, auch die verlorenen, versteckten, mattgeschliffenen Seelen zu finden. In den Zeitmühlen Gottes wurden sie alle zu feinstem Staub gemahlen.

Gott selbst nahm den Staub in beide Hände, sprach darüber seinen Segen und schüttete ihn in die eine Quelle des Dorfes, die die Menschen zum Brunnen eingefasst hatten. Daneben steckte er ein Schild mit der Aufschrift: »Trinken aus dieser Quelle verboten! Wer daraus trinkt, dem gehen die Augen auf!«

»Sie werden trinken«, rief er den stirnrunzelnden Engeln zu, als er zurückkam. »Sie wollen wissen, wie es sich jenseits der Grenze lebt.«

In den beiden Menschendörfern wurde drei Tage lang nur über den Brunnen gesprochen. Alle schworen, niemals daraus zu trinken. In der Nacht jedoch schlich sich jede, jeder heimlich zum Brunnen und trank. Und, so hatte es Gott eingerichtet, in jedem Menschen bildete sich aus einem winzigen Staubteilchen ihrer Seele eine ganze, umfassende, unsichtbare Seele. Sie wanderte in jedes Körperteil, in die Finger- und Haarspitzen. Sie konzentrierte sich in den Sinnesorganen und in allen Weichteilen des menschlichen Körpers. Da, wo es besonders warm war, bildeten sich im Körper sinnliche Zentren der Seele. Kurz, die Seele ist seitdem untrennbar mit allen Fasern des Körpers verbunden.

Einige Menschen waren erschrocken, als sie an jenem Morgen aufwachten. Sie suchten ihre Glasseele. Sie suchten sie lange und überall. Bis sie sich gegenseitig in die Augen sahen, zuerst mit dem Gedanken: Hast du sie mir weggenommen, meine Seele?

Aber dann, dann veränderte sich ihr Blick, sie sahen das Leuchten in ihren Augen, spiegelten sich in ihnen und lachten, lachten sich an, entdeckten ihre innere Seele.

Ja, seitdem gibt es das Anlachen, ein freudiges Entdecken des Du.
»Sie wirkt wie die Glasseele, aber sie können sie nicht mehr verlieren«, sagte Gott und alle Engel lobten ihn.

Als die Engel den großen Lobgesang beendet hatten, erhob Gott nochmals die Hand und sagte mit ernster Stimme: »Wenn nun eine Menschenseele verletzt wird, bleibt das zunächst unsichtbar. Aber der Körper, der Körper spricht aus, wie es der Seele geht. Ihr müsst den Menschen helfen, die Körpersprache zu lernen und zu verstehen: die Sprache des Fiebers, der Kopfschmerzen, des Bluthochdrucks …« Das allerdings war für die Engel, besonders die Schutzengel, eine Aufgabe, der sie sich mit ganzer Seele widmen wollten.

Von nun an war jeder Tag, an dem eine Frau, ein Mann, ein Kind seine, ihre Seele entdeckte, ein Freudentag im Himmel. Die Engel staunten, auf welch verschiedene Weisen Menschen ihre Seele wiederfanden:

Durch eine Berührung, durch ein Lächeln, durch ein Wort, durch den Sonnenuntergang, durch einen Marienkäfer, der über ihre Hand krabbelte, durch das Glitzern des Lichts in einem Tautropfen, durch das Rauschen des Meeres …

Ganz still war es, als Benjamin, der jüngste Engel, mit zitternder Stimme von jener Frau erzählte, die todkrank war und zu ihrer Bettnachbarin gesagt hatte: »Heute ist mein Leben heil geworden.« Sie hatte ihre Seele entdeckt.

Immer wieder in Zeiten der Seelenvergessenheit erinnerte Gott die Menschen an ihre Seele. Er tat das in der Regel so, dass er ihnen ein einziges Wort zum Nachdenken gab, ein Samenkorn: »Du wirst Gott, den Herrn, deinen Gott, lieben von ganzem Herzen, von ganzer Seele, von ganzem Gemüt und von allen deinen Kräften und Du wirst deinen Nächsten lieben wie dich selbst.« (Markus 12, 30 + 31) Wer das hörte, der freute sich unbändig und antwortete: »Danke, guter Gott,

Du traust mir das zu. Ich freue mich und bin fröhlich in Dir.« Einige, die wussten, wie vergesslich sie waren, fügten hinzu: »*Lobe den Herrn, meine Seele und was in mir ist, seinen heiligen Namen! Lobe den Herrn, meine Seele und vergiss nicht, was er dir Gutes getan hat ...*«

2. Beten verwandelt die Wirklichkeit

2. Mose 32, 11-14

Während unter dem Jubel der Massen das Stierbild aus der Form gehoben, auf die Füße und dann auf den vorbereiteten altarförmigen Sockel gestellt wurde, betete Mose oben auf dem Berg. Er betete und suchte im Gespräch mit Gott den Weg für sein Volk, den Weg durch die Wüste von der Knechtschaft in die Freiheit.

Mose war sich nicht sicher, aber er ahnte, der Weg durch die Wüste von der Unfreiheit in die Freiheit ist ein mühsamer, von Durststrecken gezeichneter Weg. Eben ein Weg durch die Wüste. Und er wusste genau: Das Volk braucht Zeit. Zeit, vom Vergangenen Abstand zu nehmen, die Vergangenheit zu bewältigen und Zeit Orientierung zu suchen.

Merkwürdig, dachte Mose. Während er betete, und es kam ihm ein Bild: Das Bild von einem Menschen, der geht: Wenn ich gehe, hebt sich ein Fuß vom Boden, während der hintere Fuß das Gleichgewicht halten muss, und zugleich muss er bereit sein, sich vom Schwung des vorderen Fußes mitziehen zu lassen.

»Gott«, sagte Mose dann, »du weißt doch, die Schritte in die Freiheit machen vielen Angst. Sie setzen deshalb den Fuß zögernd nach vorne. Du weißt auch, wie stark der Wunsch in manchen Menschen ist, wieder zurückzugehen in die vertraute Umgebung, in die gesicherte Abhängigkeit. Und du kennst den Wunsch, dich, den unsichtbaren Gott, in die Rolle des großen Führers, des starken Vaters zu drängen. Verzeih, wenn wir uns in Hilflosigkeit und Angst vor der Freiheit, deiner Gegenwart vergewissern und uns ein Bild, ein sichtbares, vergewisserndes Zeichen deiner Nähe gemacht haben.«

Lange blieb Mose schweigend auf dem großen Stein sitzen. Aber man sah ihm an, sein ganzer Körper war wie ein großes Ohr. Auf seinem kahlen Kopf bildeten sich Schweißperlen. Er ließ die Arme sinken, beugte sich tief zur Erde und sprach:

»Ach, Herr, warum will dein Zorn entbrennen über dein Volk, das du mit großer Kraft und starker Hand aus dem Land Ägypten geführt hast? Warum sollen die Ägypter sagen: Er hat sie zu ihrem Unglück herausgeführt, dass er sie umbrächte im Gebirge und vertilge sie von dem Erdboden? Kehre dich ab von deinem grimmigen Zorn und lass dich des Unheils gereuen, das du über dein Volk bringen willst. Gedenke an deine Knechte Abraham, Isaak und Israel, denen du bei dir selbst geschworen und verheißen hast: Ich will eure Nachkommen mehren wie die Sterne am Himmel, und dies ganze Land, das ich verheißen habe, will ich euren Nachkommen geben, und sie sollen es besitzen für ewig.« Wieder setzte er sich aufrecht wie ein großes Ohr. »Danke«, sagte er dann und begann den Abstieg. Erst jetzt merkte er, dass er ganz nass geschwitzt war, wie nach einem langen, anstrengenden Weg.

»Komm doch rein«, sagte Zippora zu Mose, ihrem Mann, und zog ihn liebevoll am Arm. »Mitternacht ist schon längst vorbei. Es ist kühl geworden, du erkältest dich noch.«

Im Zelt hatte Zippora noch einmal den Tisch gedeckt mit Schafskäse, frischem Brot und einem Becher Wasser. Sie hat auf mich gewartet, dachte Mose und aß von dem Brot. Zippora spürte, dass ihn etwas beschäftigte. Aber sie wusste: Ich muss warten, bis er spricht. Sie goss ihm nochmals frisches Wasser nach.

Das Essen löste seine Zunge: »Sag mal, kann es sein, dass Gott sich durch unser Gebet, durch unsere Bitten umstimmen lässt?« Ohne die Antwort Zipporas abzuwarten, erzählte er von seinem Gespräch mit Gott oben auf dem Berg: »Während ich betete, erkannte ich immer deutlicher: Gott ist tief enttäuscht von seinem Volk. Er will es vernichten. Einen Augenblick lang war da der Gedanke, als wollte Gott mich zu einem neuen Volk machen. Merkwürdig, Gott kam mir wie ein enttäuschter Liebhaber vor. ›Sie haben sich ein Bild von mir gegossen‹, sagte Gott, ›ein Stierbild, um sich meiner bleibenden Nähe und Kraft zu vergewissern, so als wäre ich ihnen bisher nicht nahe genug gewesen.‹

Ich«, sagte Mose dann ganz leise, »ich wusste, Gott hat Recht. In meiner Hilflosigkeit habe ich Gott an alles erinnert, was er für sein Volk getan hat: an die Befreiung aus Ägypten, an die Rettung am Schilfmeer. Ich habe ihn erinnert an das Versprechen, das er unseren Vätern Abraham, Isaak und Jakob gegeben hat. Komisch kam ich mir vor, Gott an seine Taten und Versprechungen zu erinnern.«

»Vielleicht heißt das überhaupt beten, Gott an seine Taten und Verheißungen zu erinnern«, sagte Zippora.

Mose schwieg.

»Und«, fuhr Zippora fort, »hat er sich von dir umstimmen lassen?« Mose schien die Frage überhört zu haben.

»Du hast mich doch gefragt«, begann seine Frau wieder, »ob es sein kann, dass Gott sich von uns umstimmen lässt.«

»Ja«, antwortete Mose und rieb sich die Augen. »Es war ganz eigenartig. Als ich vom Gebet aufstand, war ich fest davon überzeugt: Gott wird seinem Volk gnädig sein und es verschonen. Kann es sein, dass er sich von mir hat umstimmen lassen?«

»Möglich«, antwortete Zippora, »gut möglich.«

Sie hielt die Hand vor den Mund wie immer, wenn sie nachdachte. »Könnte es nicht auch sein, dass sich dein Bild von Gott geändert hat«, fragte Zippora. »Du dachtest, Gott sei unveränderlich, souverän, unbeeinflussbar, stark und fest in seinem Entschluss, eben unerbittlich.« »Ist das nicht auch ein bisschen euer Gott, euer Mann-Gott-Ideal: der distanzierte, souveräne, unerweichbare Herren-Gott? So, wie du manchmal sagst: Ich werde mich nicht erweichen lassen. Ich bleibe bei dem, was ich gesagt habe. Hast du dir nicht insgeheim so einen unerbittlichen Gott, der wie ein Stier seinen Weg geradeaus rennt, gewünscht? Den eigenen Entschluss bereuen, weich werden, seine starre Haltung aufgeben, sich vom Bauch, statt vom Kopf her zu entscheiden, das gilt bei euch Männern doch immer noch als weibliche Schwäche. Vielleicht«, sagte Zippora und ihre Stimme wurde ganz ruhig, »vielleicht hat sich Gott dir von seiner mütterlichen, weichen Seite gezeigt, und es fällt dir nun schwer, die alte und die neue Gotteserkenntnis miteinander in Einklang zu bringen.«

Mose wusste nicht, was er antworten sollte. Er spürte, dass seine Frau einen wunden Punkt berührt hatte und er schämte sich ein wenig. Dann schüttelte er den Kopf: »Ich kann es mir nicht erklären, wenn du betest, wirst du verändert und Gott ändert sich. Du entdeckst ganz andere Seiten an ihm.«

Zippora rückte ganz nahe an Mose heran und legte ihm den Arm um die Schultern: »Es könnte ja auch sein, dass du deine eigenen Hassgedanken und deine Wut gegen das Volk auf Gott übertragen hast. Und dann bist du auf dem Berg im Gebet Gott begegnet als dem gnädigen und barmherzigen Gott.«

Mose war sehr betroffen, er hielt Zipporas Hand lange fest. Dann stand er auf und räumte den Tisch ab.

Als sie dann später nebeneinander lagen und Zippora glaubte, Mose sei schon eingeschlafen, stand sie leise auf, ging vor das Zelt und betete: »Gott, ich danke dir, du hast mein Gebet erhört.«

Als sie wieder in ihr Bett kroch, fragte Mose: »Wofür hast du jetzt gedankt?«

»Ach, lass mal«, antwortete Zippora und küsste ihn liebevoll auf seine Stirn.

3. Der Glaube wird wieder neu

Jesaja 40, 1-8

Abends, wenn der Mond sich im Euphrat spiegelte und draußen auf dem Meer die Lichter der Fischerboote leuchteten, stiegen in ihm, dem zwölfjährigen Zedekia, Bilder auf. Merkwürdigerweise waren die Bilder meistens mit bestimmten Düften verbunden und mit Musik. Ja, ganz deutlich war das Bild: Er saß als kleiner Junge im Tempel und hörte, wie die Gemeinde unter der Begleitung von Pauken und Trompeten sang: *»Gott ist unsere Zuversicht und Stärke, eine Hilfe in den großen Nöten, die uns getroffen haben. Darum fürchten wir uns nicht, auch wenn gleich die Welt unterginge.«* Er hörte den Gesang, roch den süßen Duft des Weihrauchs, und eine kräftige Männerstimme sang dann allein weiter: *»Dennoch soll die Stadt Gottes fein lustig bleiben mit ihren Brünnlein, da die heiligen Wohnungen des Höchsten sind. Gott ist bei ihr drinnen, darum wird sie fest bleiben.«* Und die ganze Gemeinde antwortete mit dem Vers: *»Der Herr Zebaoth ist mit uns, der Gott Jakobs ist unser Schutz.«* (Psalm 46) Das waren Gottesdienste!

Die Bilder liefen weiter und weiter: Die Stadtmauern wurden von den Feinden erstürmt, Flammen schlugen aus dem Tempel. Zedekia sah, wie die fremden Soldaten kleine Kinder in die Flammen der brennenden Häuser warfen. Er hörte die Schreie der Mütter und Frauen.

Nie würde er das starre Gesicht seines Vaters vergessen, der wie gelähmt auf den brennenden Tempel starrte und immer wieder stammelte: »Warum, Gott, warum hast du uns verlassen?«

Doch das Grauen lief bereits weiter: Bilder von einem endlosen Strom der Flüchtlinge standen vor ihm. Zedekia hörte ihren Klagegesang aus dem Psalter wie bei einer Trauerprozession: *»Erwecke deine Kraft und* *komm uns zu Hilfe! Gott, tröste uns wieder und lass leuchten dein Antlitz, so genesen wir.«* (Psalm 80, 3 + 4)

Aber die Füße der Gefangenen wurden langsamer und allmählich lahm. Als sein Großvater vor Erschöpfung zusammenbrach und starb, verscharrte man ihn hastig im Wüstensand. Zedekia wollte wenigstens noch ein paar Steine auf das Grab legen, aber schon riss ihn sein Vater weiter:

»Wir müssen noch vor Einbruch der Nacht bis zur nächsten Oase kommen, sonst verdursten wir hier alle in der Wüste.«

Zedekia spürte, wie auch sein Körper immer schwerer wurde. Er hörte nicht mehr den Schrei des Maultiers vor seinem Fenster. Der Schlaf hatte die Bilder endlich abgelöst und vertrieben.

Irgendwie muss sein Vater die Spuren der nächtlichen Bilder in seinem Gesicht gelesen haben, denn er fragte ihn beim Frühstück: »Du hast nicht gut geschlafen, mein Sohn?«

»Ich musste an früher denken«, antwortete Zedekia, »an Großvater, die Kinder in den Flammen, an den brennenden Tempel. Warum hat Gott dies zugelassen? Warum … ich meine, wenn er doch gnädig und barmherzig ist? Irgendwie stimmt das alles doch nicht, Gott ist unsere Zuversicht und Stärke. Ich meine …«

Zedekia überfiel plötzlich große Angst vor den eigenen Gedanken und Zweifeln. Er schwieg. Er kämpfte mit sich selbst. Alles war so anders. Was früher wichtig und sicher war, stimmte in der Gegenwart nicht mehr.

»*Der Herr ist mein Hirte, mir wird nichts mangeln*«, hatte er früher gebetet. »Ich kann so nicht mehr beten«, sagte er leise und sah in das leidgeprüfte Gesicht seines Vaters.

»*Gott ist dennoch Israels Trost*«, antwortete dieser. Wie abwesend schaute sein Vater über ihn hinweg weit in die Ferne und sprach sein Gebet:

»Dennoch bleibe ich stets an dir, denn du hältst mich bei meiner rechten Hand, du leitest mich nach deinem Rat und nimmst mich am Ende mit Ehren an. Wenn ich nur dich habe, so frage ich nichts nach Himmel und Erde. Wenn mir gleich Leib und Seele verschmachtet, so bist du doch, Gott, alle Zeit meines Herzens Trost und mein Teil.« (Psalm 73, 23-26)

Merkwürdig, dachte Zedekia, ich höre die bekannten Worte, aber sie berühren mich nicht mehr. Die Stimme meines Vaters trägt nicht mehr. Sie ist traurig und monoton.

So vergingen die Jahre der Gefangenschaft in Babylon. In Zedekia wuchsen die Zweifel und mehrten sich die Fragen an Gott.

Er war bereits 17 Jahre alt, als ihn seine Mutter beiseite nahm und ihm erklärte, sein Vater sei todkrank. Er habe Geschwüre im Leib und werde wie von innen zerfressen.

Zedekia erschrak. Aber sein Erschrecken war mehr ein Erschrecken über sich selbst als über die Nachricht seiner Mutter. Wenn Vater an seiner Krankheit stirbt, ist das der letzte Beweis, der gegen einen gnädigen Gott spricht, dachte Zedekia. Die folgenden, nächsten Wochen waren grauenvoll. Sein Vater krümmte sich vor Schmerzen, zwischendurch betete er: »Gott, warum verstößt du uns für immer? Gedenke doch an den Bund! Mach dich auf, Gott, komm uns zu Hilfe, führe deine Sache!«

Aber zumeist erstickten die Schmerzen seine Stimme. Er wartet immer noch, dachte Zedekia, der arme Irre wartet immer noch auf Gott.

Als man dann zehn Tage später seinen Vater zu Grabe trug, war es ihm zur Gewissheit geworden: Es ist sinnlos, sich auf Gott zu verlassen. Entweder gibt es ihn gar nicht, oder er schweigt.

So flossen die Jahre dahin. Die meisten in Israel geborenen Frauen und Männer waren bereits gestorben und in fremder Erde begraben worden. Zedekia ging jeden Tag zur Arbeit. Als gelernter Maurer war er gefragt. In der Freizeit studierte er die Schriften oder ließ sich von Ben Schamai, dem Siebzigjährigen, erzählen.

Ben Schamai sammelte die Sprüche jenes Mannes, den man Jesaja nannte. »In der Erinnerung liegt Versöhnung und Zukunft«, sagte Ben Schamai oft; dann las er ohne weiteren Kommentar vor, was er gerade aufgeschrieben hatte:

»Weh denen, die ein Haus zum anderen bringen und einen Acker an den andern rücken, bis kein Raum mehr da ist und sie allein das Land besitzen!« (Jesaja 5,8) *»Weh denen, die Böses gut und Gutes böse nennen, die aus Finsternis Licht und aus Licht Finsternis machen, die aus sauer süß und aus süß sauer machen! ... Weh denen, die Helden sind, Wein zu saufen, und wackere Männer, Rauschtrank zu mischen, die den Schuldigen gerecht sprechen für Geschenke und das Recht nehmen denen, die im Recht sind!*« (Jesaja 5, 20 + 22) *»Darum wird mein Volk weggeführt werden unversehens, und seine Vornehmen müssen Hunger leiden und die lärmende Menge Durst.*« (Jesaja 5,13)

Zedekia hörte gespannt zu, wurde innerlich immer unruhiger und lief plötzlich weg. In ihm drinnen arbeitete es.

»Nicht Gott hat uns, sondern wir haben ihn verlassen.«

Immer öfter suchte Zedekia in seiner Freizeit die Schreibstube Ben Schamais auf. *»Er wartete auf Rechtsspruch, siehe, da war Rechtsbruch, auf Gerechtigkeit, siehe, da war Geschrei und Schlechtigkeit.*« (Jesaja 5,7), stand auf einem der losen Blätter. Auf einem anderen fand er den Satz: *»Doch es wird nicht dunkel bleiben über denen, die in Angst sind.*« (Jesaja 8, 23) Diesen Satz schrieb sich Zedekia ab und steckte ihn in seine Rocktasche.

Als Zedekia eines Abends nach Hause ging, stand vor dem Stadtbrunnen ein Mann und sprach zu den Umstehenden. Zedekia blieb stehen und hörte zu: *»Tröstet, tröstet mein Volk! spricht euer Gott. Redet mit Jerusalem freundlich und predigt ihr, dass ihre Knechtschaft ein Ende hat,* dass ihre Schuld vergeben ist; denn sie hat doppelte Strafe empfangen von der Hand des Herrn für alle ihre Sünden. Es ruft eine Stimme: In der Wüste bereitet dem Herrn den Weg, macht in der Steppe eine ebene Bahn unserem Gott! Alle Täler sollen erhöht werden, und alle Berge und Hügel sollen erniedrigt werden, und was uneben ist soll gerade, und was hügelig ist, soll eben werden; denn die Ehrlichkeit des Herrn soll offenbart werden, und alles Fleisch miteinander wird es sehen; denn des Herrn Mund hats geredet. Es spricht eine Stimme: Predige! Und ich sprach: Was soll ich predigen? Alles Fleisch ist Gras, und alle seine Güte ist wie eine Blume auf dem Felde.« (Jesaja 40, 1-6)

»Ein Spinner!«, riefen einige. »Ein Fantast, ein Utopist.« Die meisten lächelten spöttisch und gingen weiter. Ein paar Zuhörer blieben. Zedekia auch. »Wir müssen einander Mut machen. Gegen die Depression und Resignation einander ermutigen. Hoffnung aufzeigen, Gemeinschaft halten, kleine Schritte wagen und einander tröstend in den Arm nehmen«, sagte der Mann am Brunnen, den einige, so erfuhr es Zedekia, den zweiten Jesaja nannten. »Wir haben Gott verlassen, aber Gott will mit uns einen neuen Anfang machen«, fuhr der Fremde fort. »Es gibt einen Weg für uns. Lasst euch nicht länger einreden, alles sei ausweglos. Der Weg ist bereits geebnet. Hört nicht mehr auf die, die euch abschrecken und sagen, überall gebe es unüberwindliche Berge. Die Berge sind begehbar! Als Gemeinde sind wir stark.«

Der Redner machte eine Pause. Er blickte Zedekia an, und wie wenn er seine Rede an ihn richten würde, fuhr er fort: »Erschreckt nicht vor den Mächtigen, die euch einschüchtern wollen, damit alles beim Alten bleibt. Alles Fleisch ist wie Gras. Menschen kommen und gehen. Gott bleibt. Wer heute mächtig und gewaltig tut, liegt morgen ohnmächtig in der Kiste. Gott kommt! Steht auf und geht mit ihm!«

Zedekia war im Innersten getroffen. Tief bewegt ging er nach Hause und erzählte alles voller Begeisterung seiner Frau.

Sie hörte gut zu und antwortete: »Sagte der Mann nicht, der Weg führt durch die Wüste? Wir werden uns also auf einen langen Weg mit Gott gefasst machen und auf Durststrecken einstellen müssen. Und wir müssen selbst gehen.«

»Ja«, antwortete Zedekia, »wir können und müssen selbst gehen, denn Gott kommt auf uns zu, und er geht uns voraus.«

An jenem Abend las Zedekia allen in seinem Haus zum ersten Mal seit langer Zeit die Verse vor: »*Gott ist unsere Zuversicht und Stärke, eine Hilfe in den großen Nöten, die uns getroffen haben. Darum fürchten wir uns nicht …*«

4. Wie beten Sie?

Beten?

Über diese Frage konnte er nur müde lächeln.
Die Zeiten sind vorbei, dachte er bei sich selbst. Diesen frommen Selbstbetrug habe ich durchschaut und überwunden.
Er rutschte auf die Bankkante, streckte die Beine weit von sich und beobachtete die Enten auf dem Teich im Kurpark.
Ob Tiere beten?
Vielleicht brauchen die nicht zu beten, die leben einfach.
Einfach leben? Ja, das wärs!
»Wenn ich nicht mehr bete, höre ich auf zu wachsen«, sagte sein Banknachbar. Herr M. drehte sich zu ihm um und lachte: »Sie mit ihren 1,97 m, sie wollen doch wohl nicht noch größer werden?«
Herr K. schüttelte den Kopf. »Nein, nein, ich bin zu lang. Es ist nicht nur angenehm, groß zu sein.
Wissen Sie, ich habe eine wichtige Erfahrung gemacht: Wenn ich nicht mehr bete, vertrocknet meine Seele und ich wachse nicht mehr. Ich habe das daran gespürt, dass mir alles zu lang wurde. Ja, zu lang! Wie Kleider, die zu groß sind. Ich habe nicht mehr warten können, hatte keine Geduld mehr. Nichts ging mir schnell und gut genug. Meistens habe ich mehreres gleichzeitig getan: Wenn ich mit jemandem sprach, habe ich an etwas anderes gedacht und mir dabei überlegt, wie ich das Gespräch möglichst schnell beenden könnte. Beim Spaziergang mit meiner Frau habe ich darüber nachgedacht, wie ich den Werbeprospekt der Firma ansprechend gestalten könnte.«
»Immerhin, Sie haben es weit gebracht«, warf Herr M. ein.

»Sie meinen das hoffentlich nicht ironisch«, entgegnete Herr K. »Sehen Sie, wenn die Seele austrocknet, werden Sie unnahbar. Unnahbar und einsam. Einsam trotz vieler Beziehungen. Alles läuft ab wie in einem Film. Du spielst die Hauptrolle und bist zugleich dein eigener Zuschauer, distanziert. Eben unnahbar und unglaublich hart, wie ausgetrocknete Erde. So war ich – bis ich zusammenbrach.

Ganz plötzlich, so meinten alle.

Nein, nein, du brichst langsam zusammen. Müdigkeit, innere Unlust, Gereiztheit, der matte Glanz in deinen Augen, das sind Anzeichen für diesen langsamen Kräfteschwund. Nur gelten diese Symptome als unbedenklich. Harmlose Nebenwirkungen von Stressbewältigung. Dann kam ich die erste Woche hier in Kur, das war vor drei Jahren. Ich war total erschöpft. Ich habe mich von allen und allem zurückgezogen. Eins war mir klar: So wie bisher kann und darf es nicht weitergehen. Aber wie sollte ich mich ändern? Ich wusste keine Antwort. Am Abend des dritten Tages – ich weiß es noch wie heute – habe ich zum ersten Mal seit langer Zeit wieder gebetet: ›Du Gott, wenn es dich gibt, zeig mir den Weg und lass mich dich erkennen!‹«

»Und, haben Sie erkannt?«, fragte Herr M.

Herr K. lachte auf. »Zuerst geschah scheinbar gar nichts. Das heißt, ich beobachtete bei mir, dass ich alles etwas langsamer tat. Ich goss die Blumen und schaute dabei in ihre Blüte, ich streichelte mit dem Finger die pelzigen Blätter der Geranien. Ich lag in der Badewanne und beobachtete wie das Wasser in meinen Bauchnabel floss. Ich ging spazieren, passte mich dem Schritt meiner Frau an und sah das frische Grün der Bäume.«

»Und?«, fragte Herr M. gereizt zurück. »Was hat dies alles mit Gott zu tun?«

»Ich habe die Langsamkeit entdeckt«, antwortete Herr K. »Verstehen Sie: Gott hat einen langen Atem.«

»Das habe ich schon mal gehört«, rief Herr M. ärgerlich und stand auf. »Gott hat einen langen Atem und seine Zeit ist die Ewigkeit. Aber jetzt gibt es gleich Essen. Bis später!«

Herr M. winkte mit der Hand und ging fort.

Fromme Menschen sind oft auf eine merkwürdige Art aufdringlich und platt zugleich, dachte Herr M. Aber bei Herrn K. da ist noch etwas anderes. Der ist offen, der hat erlebt, was er sagt. Ich glaube, er lebt auch, was er betet.

Gott hat einen langen Atem und seine Zeit ist die Ewigkeit. Herr M. erinnerte sich genau. Das hatte ihm der Pfarrer nach dem Tod seiner Tochter gesagt.

Nein, mit diesem Gott wollte er nichts mehr zu tun haben. Ich werde, beschloss Herr M. kurzerhand, ich werde Herrn K. in den nächsten Tagen aus dem Weg gehen. Meine Kurzeit ist ohnehin bald um.

Am zweitletzten Kurtag, der Frühling zeigte sich von seiner schönsten Seite, ging Herr M. in das Wiesental. Es war sein Lieblingsspaziergang.

Er legte sich unter die große Birke und wäre beinahe eingeschlafen, hätte ihn nicht ein Käfer, der auf seinen Handrücken gekrabbelt war, aufgeweckt.

Herr M. richtete sich auf und ließ den kleinen Marienkäfer an seiner Hand hochkrabbeln. Der Käfer stand bereits auf der Kuppe seines Zeigefingers und pumpte sich voll Luft. Er flog aber nicht, sondern krabbelte den Finger wieder runter. Vielleicht sind deine Flügel noch zu kurz, dachte Herr M. und setzte den Käfer ins Gras.

»Wenn ich nicht mehr bete, höre ich auf zu wachsen.« Dass ihm dieser Satz immer wieder einfiel? Sollte ich doch noch mal mit Herrn K. reden? Ich möchte wissen, wie er betet, wie er damit fertig wird, wenn in der Stille die Stimmen sich melden. Wenn Sehnsüchte und Begierden wach werden. Wenn die Wut aufglüht! Ob ich heute Abend noch mit ihm reden soll? Morgen ist mein letzter Tag. Wer weiß, ob Herr K. dann überhaupt Zeit hat, dachte er.

Merkwürdig, da war wieder die alte Spannung in ihm: Er hatte Sehnsucht und Angst zugleich und fühlte sich wie gelähmt. Schließlich fasste er sich ein Herz, ging nach dem Abendbrot auf Herrn K. zu und sagte:»Haben Sie heute Abend eine halbe Stunde Zeit? Unser letztes Gespräch hat viel in mir aufgewühlt. Ich möchte Sie etwas fragen.«

Als sie dann im Clubraum saßen, dauerte es eine Weile, bis Herr M. zu reden begann:»Es ist mir etwas peinlich. Aber wir kennen uns nun schon drei Jahre lang, seit unserem ersten Kuraufenthalt. Und wir sind doch so etwas wie Freunde geworden.«

Herr K. nickte und schwieg.

»Ich möchte Sie fragen: Wie beten Sie? Ich meine ganz praktisch.«

Herr K. zuckte ein wenig zusammen – auf diese Frage war er nicht gefasst.»Und«, begann er,»und warum wollen Sie das wissen?«

»Ich kann nicht mehr beten ...«, antwortete Herr M.»Darüber, warum ich nicht mehr beten kann, möchte ich jetzt aber nicht mit Ihnen reden. Mich interessiert im Augenblick nur – wie beten Sie?«

»Ich, ich bete regelmäßig«, begann Herr K.,»wenn ich nicht mehr regelmäßig bete, bete ich bald gar nicht mehr. Um das für mich zu erkennen, habe ich zwei Jahre gebraucht.

Ich brauche dazu mindestens zehn Minuten absolute Stille. Zuerst erzähle ich Gott, wie es mir geht. Was mich freut, mich belastet, mich ängstigt, ärgert ... dann werde ich still. Lasse Gedanken, Gefühle, Bilder kommen und gehen, wie auf einer Bühne. So lange, bis sich Bilder und Gedanken einstellen, die mir gut tun. Wissen Sie, es ist ganz merkwürdig, ich komme dann auf Ideen, auf die ich sonst nie gekommen wäre. Ich entdecke neue Lebensräume ...

Ja, ich komme auch wieder in Kontakt mit meiner Wut. Die Wut, mein Lieber, ist eine heilige Gotteskraft. Ich brauche meine Wut, wenn ich zum Beispiel sehe, wie Lebensräume für Menschen und Tiere zerstört werden.«

Herr K. lachte. »Sie werden das vermutlich nicht verstehen: Ich freue mich auf den Sonntagmorgen, auf den Gottesdienst. Die Predigt ist oft schnell vergessen. Aber die gesungenen Gebete, das Gotteslob und das gemeinsame Gebet, das Vaterunser. Es ist ein gemeinsames Wachsen, ein Heranwachsen in Gott. Das Vaterunser vermittelt mir eine Weite und eine Nähe. Unser aller Vater und Mutter. Wenn das alle Menschen in unserem Land verstanden hätten, könnte es keine Übergriffe auf Menschen anderer Hautfarbe oder Sprache geben. Vater unser, Vater von uns allen. Im Himmel, wissen Sie, was das für mich heißt? Da, wo keine menschlichen Übergriffe mehr möglich sind. Verstehen Sie, wenn wir so beten, betreten wir einen weiten Raum, atmen wir Freiheit. Nur eines verstehe ich noch nicht: Erlöse uns von dem Bösen. Es kann doch nicht heißen, dass wir wie Engel leben und keine Schatten mehr werfen. Es muss etwas damit zu tun haben, dass wir uns nicht von den zerstörerischen Kräften in uns und um uns beherrschen lassen.«

Nach den Sätzen, die Herr K. über das Vaterunser sagte, hatte Herr M. gar nicht mehr zugehört.

Kontakt bekommen mit meiner Wut, dachte Herr M., vielleicht ist das mein Weg zu Gott? Aber kann das denn sein, dass Wut eine heilige Gotteskraft ist?

Tränen stiegen ihm in die Augen: Zuviel hatte er in seiner Wut zerstört, zu viele Menschen verletzt und abgestoßen.

»Gott«, sagte Herr M., als er später allein auf seinem Zimmer war, »Gott zeigt mir den Weg zu meiner Wut, den Weg zum Leben.«

38

5. Wir wollen keine Almosen!

Lukas 18, 1-8

Miriam, Tochter des Eljakim aus Nain, saß nach dem Gang auf den Friedhof noch lange vor ihrem kleinen Haus am Rande der Stadt. Heute wird keiner kommen, dachte sie. Und in der Erinnerung stiegen Bilder auf von der Beerdigung ihres Mannes genau ein Jahr zuvor. »Wir halten zu dir, du kannst mit uns rechnen, wir besuchen dich mal, wenn alles vorbei ist. Wenn was ist, du weißt ja ...« Ja, ihr Mann war beliebt gewesen, und als er noch lebte, war ihr kleines Haus oft voller Leute. Wenn dein Mann gestorben ist, stirbst du langsam nach, dachte sie. Ein paar Bekannte und Freunde sind noch gekommen, kurz nach der Beerdigung, aber ihre Besuche wurden immer seltener. Die Menschen haben eine merkwürdige Scheu, mir zu begegnen. Haben sie vielleicht Angst, von meiner Traurigkeit angesteckt zu werden?

Miriam schüttelte den Kopf. Befreundete Ehepaare weichen mir aus, so als hätten die Frauen Angst, ich könnte ihnen den Mann wegnehmen. Die Männer sind, begegnen sie mir allein, ganz anders, als wenn ihre Frauen dabei sind. Nein, sagte sie sich, aus Mitleid braucht mich keiner zu besuchen. Ich werde es auch allein schaffen, ich muss es schaffen!

Admin, mein Mann, hat immer gut für uns gesorgt. Wie hatte er doch kurz vor seinem Tod trotz der höllischen Schmerzen mit deutlicher Stimme gesagt: »Ihr werdet es schaffen, ihr habt das Haus, den Garten, das Feld.« Dann hatte er ihre Hand genommen und lange festgehalten. »Das Feld in der Ebene, es ist das Erbe meiner Väter, verkauft es nie, es wird euch alle nähren.« Wie oft hatte Admin von diesem Feld gesprochen! Wie viele Steine hatte er von diesem Feld aufgelesen?

Kurz vor Beginn des Frühjahrsregens bat Miriam die Nachbarin, einen Tag auf ihre Kinder aufzupassen. Sie wollte das Feld in der Ebene bestellen. So zog sie noch vor Sonnenaufgang mit Hacke und Korb hinunter ins Tal. Als sie an ihrem Feld ankam, sah sie, wie Josef, der Großbauer, mit seinem Ochsengespann das Feld umpflügte. Voller Freude rannte Miriam auf ihn zu. »Danke«, sagte sie, »vielen Dank. Du hast mir geholfen.« Der Großbauer lachte nur. Die Kinder wunderten sich, dass ihre Mutter schon so früh nach Hause kam.

»Morgen werde ich säen«, rief Miriam voller Freude, »die Zeit reicht genau bis zum Frühregen.«

Am nächsten Tag kam sie gerade zum Feld, als Josef, der Großbauer, bereits heimfuhr. Miriam erblickte die leeren Saatsäcke auf seinem Karren.

Als Josef sie kommen sah, stieg er von seinem Wagen. Sein Lachen war zu einem Grinsen erstarrt: »Du scheinst noch nicht begriffen zu haben, dass der Acker jetzt mir gehört. Dein Mann hat ihn mir schon vor Jahren versprochen.« Ohne weiteren Kommentar stieg Josef auf seinen Wagen und trieb die Ochsen an. Miriam stand wie versteinert da. Erst jetzt merkte sie, dass sie immer noch den Sack mit dem Saatgut auf ihren Schultern trug.

»Das ist Betrug. Das stimmt nicht. Du lügst.« Doch Josef war bereits außer Hörweite. Miriam blickte über ihr Feld. Plötzlich sah sie ganz dicht in ihrer Nähe die beiden Grenzsteine, die zwischen ihrem und Josefs Feld gestanden hatten. »Er hat sie einfach ausgegraben«, sagte sie fassungslos.

In der Stadt waren viele Leute hell empört, als sie vom Schicksal Miriams hörten. Aber die Empörung hielt nicht lange an. »Da kannst du allein gar nichts machen«, sagten die Nachbarn und erinnerten sich: »Genau so hat er es mit Sara und Esther gemacht. Der Großbauer ist mit dem Richter eng befreundet. Auch vor Gericht wirst du gegen den nicht durchkommen. Der hat seine Rechtsanwälte und zahlt hohe Bestechungsgelder. Als Frau, als Witwe hast du da gar keine Chance.« Miriam hörte sich die gut gemeinten Ratschläge an. Erst jetzt wurde ihr wirklich bewusst, wie allein sie nach dem Tod ihres Mannes dastand. Vielleicht, dachte sie, liegt das daran, dass ich nicht hier geboren bin. Aber sogleich erinnerte sie sich an ähnliche Geschichten in ihrem Heimatort Nain, die sie als Kind vage mitbekommen hatte.

Du musst allein kämpfen. Die meisten Leute sind vor denen, die Geld und Macht haben, feige. Und wer will sich schon in die Sache einer Witwe hineinziehen lassen?

Miriam schmiedete Pläne. Zuerst ging sie zum Rabbi. Der hörte sich ihre Geschichte aufmerksam an. Dann stand er auf und schüttelte den Kopf.»Ist ziemlich aussichtslos. Der Großbauer lässt sich auch von mir nichts sagen. Und der Richter, mit dem er eng befreundet ist, schert sich einen Dreck um das geltende Gottesrecht.«

Der Rabbi hatte sich wieder hingesetzt und rollte die Schrift auf: »Hier«, sagte er dann, »hier steht es.« Er wollte Miriam die Rolle hinhalten, erinnerte sich dann aber daran, dass sie gar nicht lesen konnte.»Denn der Herr, euer Gott, ist der Gott aller Götter und der Herr über alle Herren ..., der die Person nicht ansieht und kein Geschenk nimmt, und schafft Recht den Waisen und Witwen. (5. Mose 10, 17 + 18) Und: Verflucht sei, wer das Recht des Fremdlings, der Waise und der Witwe beugt!« (5. Mose 27, 19)

Der Rabbi holte eine andere Schriftrolle und las weiter: »So spricht Gott: Lernet Gutes tun! Trachtet nach Recht, weiset in Schranken den Gewalttätigen; helfet der Waise zum Rechte, führet die Sache der Witwe.« (Jesaja 1, 17)

»Bitte«, sagte Miriam, »bitte lesen Sie mir diesen Satz noch einmal vor. Ich muss ihn mir merken. Bitte noch einmal!«

Sieben Mal musste der Rabbi diesen Satz vorlesen.»So eine Hartnäckigkeit habe ich noch nie erlebt«, murmelte der Rabbi, als er die Rolle wieder in den Schrank stellte.

»Danke«, sagte Miriam dann, stand auf und ging. Auf dem Weg nach Hause nahm sie sich fest vor: Meine Kinder müssen unbedingt Schreiben und Lesen lernen, und wenn es eben geht, lerne ich es mit ihnen. *Helfet der Waise zum Recht, führet die Sache der Witwe.* Das Gottesrecht steht auf meiner Seite, sagte sich Miriam und erkundigte sich sogleich beim Ortsvorsteher nach der nächstfolgenden Gerichtsverhandlung vor dem Tor der Stadt.

Im Stadttor unter dem großen Bogen hatte der Älteste, der Dorfrichter, seinen Richterstuhl auf ein kleines Podest gestellt. Es wimmelte von Leuten. Zunächst beobachtete sie das Geschehen von hinten. Sie stand ganz nahe bei einer Touristengruppe. Der Sprache nach waren es Römer. Dann nahm Miriam ihre jüngste Tochter auf den Arm und kämpfte sich nach vorne.

Sie war sich noch immer nicht im Klaren, in welcher Reihenfolge die Rechtssachen behandelt wurden. Nach der Lautstärke, mit der sie vorgetragen wurden wohl nicht, denn immer wieder unterbrach der Richter das Geschrei, um die Verhandlung einer Rechtssache anzukündigen, für die niemand lauthals geschrien hatte. Bald entdeckte Miriam, dass einige Kläger zu den Rechtshelfern neben dem Richterstuhl gingen, mit denen lebhaft verhandelten und ihnen Gebühren zusteckten. Danach wird also die Reihenfolge bestimmt, dachte Miriam.

Als die nächste Verhandlung abgeschlossen war, nahm Miriam ihre kleine Tochter an die Hand, trat direkt vor den Richter und sagte in festem Ton: »Jetzt kommt meine Sache dran. Ich will meinen Acker zurück. Ich fordere mein Recht.« Einer der Gerichtshelfer fasste sie ziemlich unsanft am Arm und drängte sie wieder in die Reihe zurück. »Ich will mein Recht!«, rief sie und riss sich los. »Der Großbauer Josef hat mir meinen Acker genommen.«

Der Richter überhörte sie einfach. Er ging nach hinten zu den Rechtshelfern, kam dann mit einer Akte zurück und eröffnete das neue Verfahren gegen Scholem, den Hirten.

»Jetzt ist meine Sache dran«, rief Miriam dazwischen. »Ich lasse mich nicht abwimmeln.« Sie wurde zur Ordnung gerufen und vermahnt. »Ich lasse mich nicht wegschicken. Ich habe lange genug gewartet. Ich will mein Recht. Ich bestehe auf der Verhandlung meiner Sache.« Dem Richter wurden Miriams Zwischenrufe peinlich. Er unterbrach seine Rede und fuhr Miriam in ziemlich barschem Ton an: »Warten Sie gefälligst, bis Sie drankommen!«

Als der Gerichtstag nach der nächsten Verhandlung für beendet erklärt wurde, rief Miriam voller Zorn: »Ich werde wiederkommen, so lange werde ich kommen, bis der Richter mich anhört und Recht spricht.«

Die beiden Wochen vor der nächsten Gerichtsverhandlung waren fürchterlich. Miriam bekam zuerst einen Brief, den ihr der Gerichtsschreiber selber vorlas: »Josef, der Großbauer, Sohn des Schamai, erklärt unter Anrufung des heiligen Gottesnamens vor zwei Zeugen: Admin, Sohn des Berechja, hat mir ein Jahr vor seinem Tod den Acker im Tal als freundschaftliches Erbstück versprochen. Damit ist der besagte Acker nach dem Tode Admins rechtmäßiger Besitz von Josef Ben Schamai.« Miriam, so fügte der Gerichtssprecher hinzu, solle sich diesem Urteil fügen und mit einem Daumenabdruck bestätigen.

»Das ist Missbrauch des Namen Gottes«, rief Miriam, nahm das Schreiben und riss es vor den Augen des Gerichtsdieners in Stücke.

Als Miriam am nächsten Morgen aufstand, sah sie mit Schrecken, dass ihr Garten ums Haus total verwüstet worden war. Die beiden Mandelbäume und der Orangenbaum waren abgehackt, die Beete zertrampelt. Eine Woche später fand Thomas, der Neunjährige, auf dem Tisch in der Gartenlaube ein Blatt Papier, von den Rändern her abgebrannt. Auf dem Papier war ein Feuer aufgezeichnet.

»Der schreckt aber auch vor gar nichts zurück«, sagte Miriam und Thomas merkte, dass die Stimme seiner Mutter sehr müde klang. Am Tag vor der Gerichtsverhandlung traf sich Miriam mit ihrer besten Freundin: »Wir bewundern dich alle, wie du das aushältst und um dein Recht kämpfst«, sagte diese. Miriam schwieg.

»Willst du nicht doch besser nachgeben. Ich meine, wir werden dich und deine Kinder unterstützen, ihr braucht nicht zu hungern, glaub es mir. Gib nach, schone deine Nerven!«

»Die Auftritte vor dem Richter sind nicht so schlimm wie die Abendstunden allein. Das Gedankenkarussel von Resignation, Zweifel an dir selbst, Wut, Verbitterung, Enttäuschung und Traurigkeit. Diesem Strudel einen Widerstand entgegenzusetzen, das ist viel, viel schwerer. Der Kampf mit den eigenen Ohnmachtsgefühlen und immer wieder der Gedanke, ob du nicht zu viel riskierst«, antwortete Miriam.

Am Abend beobachtete Thomas, wie seine Mutter mit dem Zettel, den er in der Gartenlaube gefunden hatte, den Ofen anzündete. Und er sah auch das Blitzen in den Augen der Mutter. »Wir wollen keine Almosen, sondern unser Recht«, sagte sie mit guter Stimme.

Die Gerichtsverhandlung am Morgen begann ganz anders als sonst: »Drei dringende Fälle stehen heute an«, begann der Richter, »die Klage gegen den Viehzüchter Aram, die Klage gegen den Weinbauern Boas und der Rechtsstreit über den Flussverlauf im Tal.« »Und meine Sache«, rief Miriam dazwischen. »Ich bestehe darauf, dass meine Sache zuerst behandelt wird.« Miriam war entschlossen nach vorne getreten und stand unmittelbar vor dem Richterstuhl. Auf dem Gerichtsplatz war es mucksmäuschenstill geworden.

Die Gerichtsdiener riefen Miriam zur Ordnung. »Zur Ordnung«, schrie Miriam, »dann will ich zuerst einmal wissen, wie viel haben sie dir als Schmiergeld gezahlt, die Kläger deiner dringenden Fälle!«

Der Richter trat erschrocken zurück, denn Miriam war voller Wut noch näher an ihn herangetreten. Er sah das Funkeln in ihren Augen. Die kratzt mir noch die Augen aus, dachte er, winkte mit der Hand und zog von unten aus dem Stapel eine dünne Akte hervor. »Ihr Streit ist längst entschieden. Ich verlese hier vor aller Ohren das ihnen zugestellte Schreiben des Gerichts.« Er las laut das Schreiben vor.

»Alles gelogen«, schrie einer aus der Menge. »Gotteslästerung, Meineid!«

Die Menge wurde unruhig.

Dann hörte man die schrille Stimme Miriams: »Wie viel hat er dir gezahlt für dieses Schreiben? Wie viel? Mein Mann«, rief Miriam und drehte sich nun den Menschen zu, »mein Mann hat kurz vor seinem Tod gesagt: Der Acker im Tal ist das Erbe meiner Väter, er wird euch nähren. Verkauft ihn nie! Und nun«, sie wandte sich wieder dem Richter zu, »nun will ich mein Recht. Ich kann keine Schmiergelder zahlen. Ich fordere vor all diesen Zeugen mein Recht.«

Dem Richter wurde ganz mulmig zumute, dieser Auftritt vor der römischen Besuchergruppe, die ganz interessiert herschaute, war ihm peinlich. Von hinten wollte man ihm einen Umschlag reichen. Er winkte ab, bat um Ruhe, stand auf und erklärte:

»Was diese Frau hier ausgesagt hat, war das letzte Wort ihres verstorbenen Mannes in Bezug auf den Acker im Tal. Das letzte Wort des verstorbenen Admin gilt. Der Acker bleibt im Familienbesitz der Angehörigen des Verstorbenen, in diesem Fall Miriam, der Tochter des Eljakim. Damit ist dieser Fall abgeschlossen.«

Ein Aufatmen ging durch die Menge. Miriam aber kehrte zurück in ihr Dorf, sie war müde und stolz zugleich.

6. Gott sei Dank, ein Dach über dem Kopf!

Psalm 23

Ephraim war lange vor Sonnenaufgang aufgestanden. Hastig packte er seine wenigen Sachen in den Ziegenlederbeutel: seine Axt, die beiden Feuersteine, die Steinschleuder und ein Paar selbst genähte Sandalen für schöne Tage. Heute zog er die schweren Lederstiefel an. Es regnete draußen.

»Der Spätregen«, sagte er zu Ruth, seiner Frau. Dann schlich sich Ephraim leise in den Schlafraum der Kinder und gab Rebekka, Simeon und Susanna einen Abschiedskuss. Nur dem Kleinsten, dem Sebulon, traute er sich keinen Kuss zu geben. Sebulon war sein Liebling. Dieser Abschied fiel ihm zu schwer! Ruth hatte das gespürt. »Du wirst sicher bald wieder kommen«, sagte sie zu ihrem Mann und wusste doch ziemlich genau, dass an eine Rückkehr nicht zu denken war, solange der hartherzige Großgrundbesitzer lebte. »Hier«, sagte Ruth, »dein Essen für unterwegs. Die Brote sind für heute und morgen, das getrocknete Ziegenfleisch kannst du noch länger aufbewahren.« Sie band ihrem Mann den Wasserschlauch um und verabschiedete sich. Nein, sie musste jetzt tapfer sein, das hatte sie versprochen.

So zog Ephraim noch vor Sonnenaufgang aus dem Haus. Er ging sehr schnell, so als sei er auf der Flucht. Als die Sonne aufging, schaute sich Ephraim zum ersten Mal um. Sein Dorf mit dem kleinen Haus lag weit unten in der Ebene. Gott sei Dank, dachte Ephraim, das Haus kann der Großgrundbesitzer ihnen nicht wegnehmen. Das gehört meinem Schwiegervater. Sie können alle wohnen bleiben, sagte er sich und ging weiter hinauf aufs Gebirge Juda. Dort würde er bestimmt eine Höhle finden für die Nacht.

Aber er hatte sich gewaltig verschätzt. Als die Dämmerung hereinbrach, überquerte er gerade erst die vorgelagerten Hügel des Gebirges. Vergeblich suchte er hier eine schützende Höhle. Todmüde legte er sich schließlich unter einen Baum. Den Beutel mit dem Essen legte er sicherheitshalber wie ein Kissen unter seinen Kopf – als Schutz gegen die Diebe.

Mitten in der Nacht wachte Ephraim auf. Er war ganz durchfroren und begann Holz zusammenzusuchen, um ein Feuer anzuzünden. Es dauerte eine halbe Stunde, bis er mit den Feuersteinen das trockene Gras entzündet hatte. Am Feuer war ihm dann endlich wohler. Nie mehr werde ich im Freien schlafen, sagte sich Ephraim. Es ist einfach zu kalt.

Am nächsten Abend fing er schon früher an, sich eine Höhle zu suchen. Aber es dunkelte bereits, als er schließlich eine geeignete, große Höhle fand. Er wollte gerade hineingehen, da hörte er das gefährliche Brummen eines Bären. Schnell lief Ephraim aus der Höhle. Nein, im Freien konnte er nicht noch eine Nacht schlafen. Plötzlich kam ihm eine geniale Idee. Er hatte entdeckt, dass die Höhle eine Öffnung nach oben hatte. Er kletterte also außen um die Höhle herum, zündete oben auf dem Dache der Höhle ein Feuer an und warf brennende Holzstücke in die Höhle. Nach wenigen Minuten sah er, wie der Bär seine Wohnung verließ.

»Gott sei Dank«, sagte Ephraim, rannte in die Höhle hinein und verschloss gleich mit einem wärmenden Feuer den Eingang. Er war fast schon eingeschlafen, als er von draußen eine Stimme hörte.

»Ich friere«, rief eine Männerstimme. »Darf ich hineinkommen?« Ephraim war ein gastfreundlicher Mensch und rief dem Fremden zu: »Nur hereinspaziert!«

Es wurde eine lange Nacht. Ephraim erzählte dem Fremden seine Geschichte:»Ich bin auf der Flucht vor dem Großgrundbesitzer. Nach zwei Missernten kann ich meine Schulden nicht mehr bezahlen. Am Anfang hat er uns noch Geld geliehen. Aber als der Spätregen im vergangenen Jahr ausblieb, ist die Saat vertrocknet. Wir haben nur gerade so viel geerntet, dass wir noch genug zu essen hatten. Da wir nichts verkaufen konnten, hatten wir auch kein Geld, um unsere Schulden abzuzahlen. Vorgestern kam der Bote des Großgrundbesitzers und hat mir gedroht, mich abzuholen und als Sklave an den gefürchteten Moabiterkönig zu verkaufen. Da habe ich meine Sachen gepackt und bin abgehauen«, berichtete Ephraim und bemerkte erst jetzt, dass sein Gast bereits eingeschlafen war. Vermutlich hat er mir gar nicht zugehört, dachte Ephraim, legte noch einmal Holz aufs Feuer und schlief bald darauf ein.

Als er am nächsten Morgen erwachte, war sein Gast schon verschwunden. Erst später bemerkte Ephraim, dass der nächtliche Freund ihm seine Axt gestohlen hatte.

Der anschließende Weg über das Gebirge Juda war sehr beschwerlich. Ephraim kam nur langsam voran, denn er hatte sich in den schweren Lederstiefeln Blasen an den Füßen geholt. Ich muss heute unbedingt Jerusalem erreichen, sagte er sich. Ephraim wusste aus den Geschichten seines Vaters, dass im Hause Gottes, im Tempel, jeder, der in Not ist, aufgenommen wird. Irgendwie hat Gott mich bisher immer behütet, sagte sich Ephraim. Wenn ich erst im Tempel bin, werde ich dir danken, Gott, für alles, was du mir an Gutem getan hast.

Am späten Abend erreichte Ephraim todmüde die Stadt Jerusalem. Doch seine Flucht wäre beinahe bereits am Stadttor gescheitert: Der Wächter glaubte, in Ephraim einen entlaufenen und überall gesuchten Bauern zu erkennen. Erst als ihm Ephraim seine beiden Feuersteine schenkte, ließ der Wächter ihn in die Stadt.

Dem Hohen Priester brauchte Ephraim nichts vorzulügen, denn der erkannte sofort, dass Ephraim in großer Not war. »Du kannst hier im Tempel bleiben, solange du willst«, sagte der Hohe Priester. »Hier iss und trink erst mal, du hast sicher Hunger und Durst.«

»Ich werde dir bei deiner Arbeit helfen«, sagte Ephraim. »Ich könnte putzen, den Hof fegen, die Opfertiere schlachten ...«

Eines Tages, als Ephraim im Nebenzimmer des Tempels beim Mittagessen saß, sah er durchs offene Fenster seinen Feind, den Großgrundbesitzer, auf dem Pferd vorbeireiten. Einen Augenblick lang erschrak Ephraim, aber dann sagte er wie in einem Gebet: »Gott, du bist mein Hirte, du deckst mir den Tisch und sorgst für mich, meine Feinde aber müssen zuschauen. Ich danke dir!« Am Abend setzte sich Ephraim hin und dichtete aus Dankbarkeit folgendes Gebet:

Der Herr ist mein Hirte; mir wird nichts mangeln.

Er weidet mich auf einer grünen Aue und führet mich zum frischen Wasser.

Er erquicket meine Seele. Er führet mich auf rechter Straße um seines Namens willen.

Und ob ich schon wanderte im finstren Tal, fürchte ich kein Unglück; denn du bist bei mir, dein Stecken und Stab trösten mich.

Du bereitest vor mir einen Tisch im Angesicht meiner Feinde. Du salbest mein Haupt mit Öl und schenkest mir voll ein.

Gutes und Barmherzigkeit werden mir folgen mein Leben lang, und ich werde bleiben im Hause des Herrn immerdar. (Psalm 23)

7. Dankbarkeit macht immun

Lukas 17, 11-19

Andreas spürte, wie seine Stimme versagte, der alte Schmerz saß noch tief in ihm. Er sprach zu Elisabeth, seiner Frau: »Zugegeben, ich hatte Angst, große Angst vor der Rückkehr nach Hause, vor der Begegnung mit dir, meiner Frau und den Kindern. Nein, du hast mich damals nicht aus dem Haus getrieben, aber ich habe die verzweifelte Bitte in deinen Augen gelesen: Verschone die Kinder! Merkwürdig, dachte ich, wenn du zurückkehrst, fallen dir die Abschiedsstunden ein. Ich bin im Morgengrauen gegangen. Die Kinder schliefen noch. Lass mich stark sein, wenn ich Abschied nehme! Wie oft hatte ich so gebetet? Jetzt schien alles Beten umsonst. Meine Knie wurden weich. Ich bin mehr getaumelt als gegangen. Ich wusste genau, eine Rückkehr wird es nie mehr geben. Was machst du, wenn du innerlich alle Brücken abgebrochen, aus Schutz vor dem Schmerz alle Erinnerungen ausgelöscht hast? Wie kehrst du dann wieder heim?

Gehe hin, dein Glaube hat dir geholfen, sagte ich mir.

Wie alles genau gewesen ist, weiß ich nicht mehr. Ich erinnere mich nur noch daran, dass ich, nachdem wir vom Aussatz geheilt waren, erst ein Stück mit den anderen gelaufen und dann einen Augenblick stehen geblieben bin, um die Sandalen fester zu schnallen. Du hast gesunde Hände und Füße, sagte ich laut vor mich hin. Ich konnte es immer noch nicht fassen. Die anderen waren bereits weitergelaufen und mir bereits ein Stück voraus. Mir wurde plötzlich bewusst: Das Leben ist dir noch einmal geschenkt! Du bist geheilt. Gott hat dich geheilt.

Ich drehte mich um und lief zu Jesus zurück. Ich spürte, ich muss noch einmal zu ihm zurück, es fehlt noch etwas. Da ich keine eigenen Worte fand, um ihm zu sagen, was ich fühlte, betete ich mit den Worten der Väter: *Lobe den Herrn, meine Seele, und was in mir ist seinen heiligen Namen ...*

Damals war mir alles noch ein Geheimnis. Heute verstehe ich: Danken ist der erste Schritt zum neuen Leben. Indem ich dankte, erkannte ich mich selbst als Beschenkten und konnte das neue Leben als Geschenk annehmen.

Heute weiß ich, dass es viel schwerer ist etwas anzunehmen, als anderen etwas zu schenken. Und es besteht ein großer Unterschied zwischen dem Hinnehmen und Annehmen.

Danken, das habe ich gelernt, heißt davon erzählen, dass du ein Beschenkter bist, dass Gott dich reich beschenkt hat. Mit dem Erzählen wächst dann die Freude über das geschenkte Leben.

Langsam, sehr langsam habe ich auch erkannt: Das neue Leben darf kein Leerraum bleiben, sonst ziehen die alten Sorgen und Ängste verstärkt wieder ein. Das neue Leben möchte mit lebenswerten Zielen und Inhalten ausgefüllt sein. Jemand, der nach neuen Lebensinhalten sucht, ist leicht verführbar und steht in Gefahr, sich zu verlaufen. Immer wieder kam mir dieses Wort in den Sinn: Dein Glaube hat dir geholfen. Es wurde mir ein innerer Wegweiser. So bin ich also mit meiner inneren Angst aufgebrochen um nach Hause, zu dir und den Kindern zurückzukehren.

Eigenartig, bereits unterwegs spürte ich, wie meine Schritte langsamer wurden, die Hast nahm ab und auch die innere Unruhe. Ich setzte die Schritte ganz bewusst. Es war plötzlich eine Lust zu gehen. Wie oft, dachte ich, sind Begegnungen durch mein banges Vorwegdenken und an meinem stürmischen Gleich und Sofort gescheitert?

Dein Glaube hat dir geholfen und wird dir weiterhelfen, sagte ich mir und blieb in einiger Entfernung vor unserem Haus stehen, so wie damals, als ich noch einmal heimlich zurückkehrte, um die Kinder von weitem zu sehen.

Ich bin gesund. Der Priester hat mich gesund geschrieben, jubelte ich und zog das priesterliche Schreiben aus der Tasche. Gott hat mir das Leben noch einmal geschenkt. So ging ich langsam auf euch, meine Familie zu. Dabei streckte ich meine Hände aus, sodass alle die gesunde Haut sehen konnten. Ich wollte meine Kinder in den Arm nehmen, sie wichen zurück und starrten mich an. Die Zeit dazwischen, dachte ich, sie hat uns entfremdet. Du darfst die Zeit nicht überspringen, sagte ich mir und wartete, bis die Zeit reif war.« Andreas hielt in seiner langen Rede inne. Langsam gingen sie gemeinsam ins Haus.

Später erzählte ihm Elisabeth, nachdem sie miteinander gebetet und Gott für die Heilung gedankt hatten, sie habe endlich ihre innere Angst aufgegeben. Da nahm Andreas sie in den Arm und begann zu verstehen: Der Prozess der Heilung beginnt mit dem Gesundwerden, aber bis zum Heil, bis zum Schalom ist es noch ein weiter Weg. Er spürte, und das machte ihn stark, die Angst, vom Aussatz erneut befallen zu werden, wurde immer kleiner.

Andreas ging regelmäßig ins Aussätzigendorf, um die Kranken mit dem Nötigsten zu versorgen. Doch außer seiner Frau verstand ihn niemand. »Wie kann man sich so leichtsinnig der alten Gefahr aussetzen?«, fragten viele seiner Bekannten. Ein sehr frommer Mann warnte ihn geradezu, er solle Gott nicht herausfordern.

Andreas erzählte den ehemaligen Leidensgenossen von Jesus und wiederholte oft, was er ihnen gesagt hatte: »Dein Glaube hat dir geholfen.« Als er wieder einmal ganz erschöpft vom Aussätzigendorf zurückkam, lief ihm seine Frau entgegen, legte ihm den Arm um die Schultern. So gingen sie lange schweigend miteinander. Kurz vor dem Haus unterbrach Elisabeth das Schweigen:

»Dankbarkeit macht immun!«, sagte sie, gab ihm einen Kuss und zog ihn ins Haus.

Seine Vorfreude auf das Passahfest war übergroß. »Es ist doch das Fest der Befreiung«, sagte er immer wieder und versuchte, sich den anderen zu erklären. Zwei Tage vorher, er war gerade in der Stadt, um die letzten Besorgungen zu machen, traf er seine ehemaligen Leidensgenossen Simon und Levi. Diese Begegnung hatte ihn sehr aufgewühlt. Das spürte Elisabeth sofort, als er nach Hause kam: »Du bist so unruhig«, sagte sie. Er schaute sie prüfend an und erzählte ihr von seiner Begegnung: »Simon und Levi habe ich getroffen. Sie waren Leidensgenossen und sind wie ich von Jesus geheilt worden.« »Na, und?«, fragte Elisabeth. »Geht es ihnen gut?« Er rückte ganz nahe zu Elisabeth und schmiegte sich an sie, so, dass sie sein Gesicht nicht sehen konnte. Es fiel ihm schwer zu reden, denn er schämte sich.

»Weißt du«, begann er stockend, »seit meiner Heilung bin ich mir als etwas Besseres vorgekommen. Jesus hat, als ich zurückkehrte um Gott zu danken, gefragt: Sind nicht zehn rein geworden? Wo sind die neun? Ich sah Simon, Levi und die anderen vor mir und dachte: Ich bin der Einzige. Als Simon und Levi dann vorhin in der Stadt vor mir standen und Simon mich als Leidensgenosse ansprach, kam mir alles wieder in den Sinn. Ich habe ihn wohl ziemlich entsetzt angestarrt. Unter Simon habe ich während der Krankenzeit viel gelitten. Du glaubst nicht, wie gehässig Kranke untereinander sein können, welch eine Hierarchie es dort gibt, obwohl alle vom Tode gezeichnet sind. Wie hat mich dieser Simon schikaniert, nur weil ich ein Samariter bin. Zum Totengräber haben sie mich abkommandiert. ›Du kannst nicht unreiner werden als du schon bist‹, hat Simon damals zu mir gesagt. Simon und die meisten anderen haben all ihre Bitterkeit über das grausame Dahinsiechen an mir abreagiert. Wie ein Aussätziger unter Aussätzigen kam ich mir vor.«

Andreas hielt einen Augenblick inne. »Weiter«, sagte Elisabeth, »erzähl weiter!«, sie strich ihm liebevoll über den Kopf. Sie wusste, all die Bitterkeit und Trauer über die Zeit der Krankheit mit den tiefen Demütigungen durch die anderen Kranken musste aus ihm heraus, ausgesprochen werden.

»Wie habe ich diesen Simon und sie alle gehasst. Wie habe ich sie abgrundtief gehasst.« Mehr konnte er nicht mehr sagen, dann erstickten die Tränen seine Stimme. Langsam, ganz langsam fand Andreas wieder zu sich.

»Abends habe ich oft allein gesessen und mit Gott gesprochen. Gott, wenn ich dir schon fernstehe, wie die anderen behaupten, so will ich dir sagen: Ich tue die Arbeit des Totengräbers als letzten Dienst an den Menschen nur gezwungenermaßen. Aber inzwischen weiß ich, es ist ein letzter Dienst der Liebe, den ich ihnen tun kann. Ich mache mich unrein, sagen sie, ich hoffe, du siehst das anders.«

»Ich glaube«, sagte Elisabeth, »Gott hat das anders gesehen, ganz anders.« Lange saßen die beiden an jenem Abend noch beieinander.

»Simon hat mich heute auf dem Marktplatz in die Arme genommen und mich um Verzeihung gebeten. Er hat mich lange und fest an sich gedrückt und gesagt: Danke, dass du uns überredet hast, mit zu Jesus zu gehen.«

Andreas schwieg. Dann fügte er mit leiser Stimme hinzu: »Auch Simon hat mich auf dem Weg des Heils ein Stück weitergebracht.

Simon arbeitet übrigens jetzt bei Kindern, die ihre Eltern verloren haben. Ohne zu danken, meint er, kann keiner glücklich werden. Und Dank drängt zur Tat. Er habe das allerdings erst viel später erkannt.

Levi«, erzählt Andreas weiter, »Levi hat sich kaum verändert. Er ist noch ängstlicher geworden, wäscht sich dauernd die Hände und hat panische Angst, sich wieder anzustecken. Ich habe ihm vom Glauben erzählt, von jenem tiefen Vertrauen, es wird alles wieder gut. Aber Levi hat mich nur groß angeschaut, den Kopf geschüttelt und gesagt: ›Ich habe überhaupt nicht mehr daran geglaubt, dass ich noch einmal gesund werden könnte. Jesus hat mich dennoch geheilt und jetzt schäme ich mich, zu ihm zurückzukehren und ihm zu danken. Irgendwie kann ich auch das neue Leben noch gar nicht annehmen.‹«

»Vielleicht«, antwortete Elisabeth, »vielleicht versuchst du ihm zu erklären, dass Glauben in der Gestalt der Dankbarkeit ein Weg ist, sich das Glück schenken zu lassen.«

8. Es ist alles gesagt

Römer 8, 26

»Desgleichen hilft auch der Geist unserer Schwachheit auf. Denn wir wissen nicht, was wir beten sollen, wie sichs gebührt; sondern der Geist selbst vertritt uns mit unaussprechlichem Seufzen«, las Andreas in der Gemeinde laut vor. Einige in der Gemeindeversammlung waren hell entsetzt: Ein Apostel, der nicht weiß, was er beten soll!? Der das auch noch öffentlich, schriftlich zugibt, sodass es jeder, jede, schwarz auf weiß nachlesen kann? Nein danke!

In einer Zeit zunehmender Verunsicherung brauchte es starke, glaubensstarke Frauen und Männer!

Apostel mit starker Ausstrahlung waren vonnöten!

»Denn wir wissen nicht, was wir beten sollen« – schämen sollen sie sich, die Theologen, wenn sie nicht mehr wissen, was sie beten sollen!

Andreas wusste mit seiner harten Kritik eine starke Gruppe der Gemeinde hinter sich. Sie alle sehnten sich nach einem selbstbewussten Apostel, sie warteten auf ein machtvolles Wort und nicht auf dieses schwächliche Gestammel!

Hannah stand auf. Hannah, die Wäscherin. An ihren schmalen Fingern, die nun mit vielen Schrunden bedeckt waren, konnte man erkennen, dass sie aus einem reichen Elternhaus stammte.

»Es fällt mir schwer, meine Gedanken in Worte zu fassen. Aber es drängt mich auszusprechen, was ich fühle. Zorn, Trauer und tiefe Dankbarkeit empfinde ich. Zorn, wenn ich euren Ruf nach einem starken Mann höre. Diese hemdsärmelige Frömmigkeit, diese Muskelspiele des Glaubens, erbärmlich finde ich sie. Erbärmlich und verlogen. Und«, fügte sie nach langer Pause hinzu, »mich friert es, wenn einige

Brüder ihre Schwachheit wortgewaltig überreden. Trauer überfällt mich, denn wenn ich zum Gottesdienst gehe, muss ich den Sklavenmarkt überqueren. Ich bringe die leeren und sehnsüchtigen Blicke der Geschundenen mit und spüre, die haben hier keinen Raum. Ich darf im Gottesdienst nicht davon reden. Die Straßenkinder begleiten mich bis vors Haus und sagen dann, da dürfen wir nicht rein. Sie laufen weg und lassen mich allein. Die Not der Menschen schnürt mir oft die Luft ab. Aber Klage und Trauer, so sagt ihr, sind Zeichen des Unglaubens. Haben Tränen kein Recht vor Gott? In den alten Schriften lese ich: *Gott ..., sammle meine Tränen in deinem Krug; ohne Zweifel, du zählst sie.* (Psalm 56, 9) Wenn wir zusammenkommen, tun wir alle so, als seien wir der Not, dem Elend, der Verzweiflung der Menschen um uns gewachsen.

Ich aber kann hier nicht abladen. Das macht mich traurig!

Lies bitte die ersten beiden Sätze aus dem Briefabschnitt noch einmal vor!«, bat Hannah.

Und Andreas las: »*Desgleichen hilft auch der Geist unserer Schwachheit auf. Denn wir wissen nicht, was wir beten sollen, wie sichs gebührt, sondern der Geist selbst vertritt uns mit unaussprechlichem Seufzen.*«

»Hört ihr das Evangelium in diesen Zeilen?«, fragte Hanna in die Runde. »Für mich klingt da viel Ermutigung, viel Hoffnung mit! Befreiung von dem tödlichen Zwang, stark sein zu müssen. Der gläubige Apostel steht zu seiner Schwachheit. Ich verbrauche so viel Kraft, um meine Schwäche zu überspielen.

Ich bin sicher«, sagte Hannah dann mit fester Stimme, »jede und jeder von euch kennt die Erfahrung: Der Geist hilft unserer Schwachheit auf. Als du ganz unten warst, in deinem Schmerz, deiner Enttäuschung, deiner Verzweiflung, ist dir ohne dein Zutun eine Kraft zugewachsen, die dich ermutigt hat, sodass du sagen konntest: Ja, ich gehe meinen

Weg. Ich vertraue darauf, es wird alles gut! Der Geist Gottes hilft unserer Schwachheit auf!«

Stephanus, Lastträger in den Markthallen Roms, stand auf: »Ich komme von meiner todkranken Mutter«, sagte er. »Sie weiß, dass sie bald sterben muss. Ich hatte mir fest vorgenommen, ihr ein tröstendes Wort, ein Gotteswort, zu sagen. Aber als ich sie so daliegen sah, hat es mir die Kehle zugeschnürt. Kein Wort brachte ich raus. Mit einem feuchten Lappen habe ich ihre heiße Stirn gekühlt, und dabei fielen meine Tränen auf ihre Hand. Sie öffnete die Augen und sagte: ›Das tut so gut, danke!‹

Es stimmt, der Geist selbst vertritt uns mit unaussprechlichem Seufzen. In diesem unaussprechlichen Seufzen liegt alles, was dich bewegt, was du sagen möchtest. Wenn wir doch das Kräftespiel aufgeben und die Kraft Gottes in unserer Schwachheit wirken lassen könnten!«

Als Stephanus sich gesetzt hatte, ging Andreas, der Gemeindeleiter, auf Hannah zu, umarmte sie und weinte bitterlich. Als er sich ausgeweint hatte und noch etwas ergänzen wollte, legte ihm Hannah zärtlich die Finger auf den Mund: »Es ist alles gesagt«, flüsterte sie.

Dann ging sie zum Tisch des Herrn, nahm das Brot und sprach: »Wenn wir nicht mehr reden, nicht mehr beten, nicht mehr glauben können, kommt Gott zu uns und lädt uns ein: Nehmt und esst vom Brot des Lebens! Schmeckt die Güte Gottes!«

II. Mit dem Vergangenen Frieden schließen

Der Blick zurück versperrt die Sicht auf den nächsten Schritt. Das vergangene, verfehlte Leben belastet schwer. Menschen können sich davon nicht befreien, sich Vergebung ihrer Schuld nicht selbst zusprechen.

Befreiende Gottesbegegnung im Alltag heißt: Vergebung erfahren: Was gewesen ist, darf nicht mehr belasten und beschweren! Gott gibt Raum für das Kommende, indem er uns Menschen die Last des Vergangenen abnimmt.

Wie schwer und schmerzlich es ist, verfehltes Leben und eigene Schuld einzugestehen und Vergebung anzunehmen, wird an David deutlich (9).

Vergebung durchbricht den Zwang, alte Fehler zu wiederholen und befreit den Menschen zu einem neuen Anfang (10).

Wer Vergebung erfahren hat, kann anderen vergeben. Je tiefer aber die erlittenen Verletzungen sind, umso schwerer fällt es, den Mitmenschen zu vergeben (11).

Wie zwei Menschen lernen, mit dem Vergangenen Frieden zu schließen und sich dem Leben zu öffnen, davon erzählen die beiden Ostergeschichten (12 und 13).

Doch die Wirklichkeit darf nicht verbogen und umgelogen werden. Es gibt Erfahrungen, die sehr schwer oder gar nicht zu verstehen sind. Mit ihnen Frieden zu schließen übersteigt alle Kraft (14).

9. Du bist der Mann!

2. Samuel 12, 1-10. 13-15a

Schamai fürchtete sich vor der bevorstehenden Redaktionssitzung. Er ahnte, dass es harte Auseinandersetzungen mit Jerachmeel, dem Historiker aus Jerusalem, geben würde. Wie üblich eröffnete Schamai die Sitzung mit einem Gebet um den Segen Gottes für ihre Arbeit. »Heute«, sagte er dann, »haben wir über einen zentralen Text aus der Thronnachfolgegeschichte Davids zu beraten.«

Jerachmeel meldete sich zu Wort: »Ich muss noch einmal an mein grundsätzliches Votum vom letzten Mal erinnern: Unsere Aufgabe ist es, die Geschichte Gottes mit den Menschen als Vorbildgeschichte zu schreiben. Unsere Jugend braucht Vorbilder!« Jerachmeels Stimme klang beschwörend, als dulde er an diesem Punkt keinen Widerspruch. »Aus diesem Grund plädiere ich dafür«, fuhr er fort, »die ganze Geschichte von David und Bathseba ersatzlos zu streichen.«

Im Raum war es bedrückend still. Die meisten saßen mit gesenktem Kopf da. Nach einer Weile antwortete Schamai in sachlichem, ruhigem Ton: »Die Geschichte Gottes mit den Menschen ist keine Heiligenlegende. Unsere Jugend muss wissen, dass auch die Großen unseres Volkes Menschen, schuldige Menschen waren. Die Gemeinheit zieht keiner aus, wenn er den Königsmantel anzieht, das ist die bittere Wahrheit – auch bei unserem hochverehrten König David.« Schamai machte eine kurze Pause, dann sprach er direkt zu Jerachmeel: »Die düstere Seite der Geschichte, ihre schreckliche Menschlichkeit, die wir nicht verstehen, verpflichtet uns erst recht zur Wahrheit.«

»Sind die Geschichtsschreiber der Chronikbücher, die die Geschichte von David und Bathseba verschwiegen haben, sind sie etwa nicht wahrhaftig?«, fragte Jerachmeel in ziemlich scharfem Ton und fuhr dann fort: »Ist es nicht schon genug, wenn die Mitwelt alles bereits weiß? Müssen wir dann auch noch dafür sorgen, dass die Nachwelt alles erfährt? Muss denn durch die Aufnahme in die heiligen Bücher alles verewigt werden? Ein König, der sich selbst das Todesurteil spricht und sich begnadigen lässt, wird zur Spottfigur in allen Königshäusern der Nachbarländer. Ein Lüstling und hinterhältiger Mörder als König, von Gott gesalbter König? Nein!« Jerachmeel stand auf. »Sollte diese Geschichte von Ehebruch und Mord als Davids Geschichte in die heiligen Schriften aufgenommen werden, kündige ich meine Mitarbeit in diesem Kreis.«

Nach langem, betretenem Schweigen antwortete Schamai: »Jerachmeel, ich bedaure deine Entscheidung. Die dunkle Geschichte von David und Bathseba können und dürfen wir um der Wahrheit willen nicht verschweigen. Die Wahrheit lässt sich nicht sortieren, auch nicht kämmen oder polieren. Sie birgt einen Überschuss an Leben in sich, an Leben aus Gott – und das gerade mit ihren dunklen Seiten. Deshalb sind wir ihr unbedingt verpflichtet.«

Einige nickten zustimmend, keiner widersprach. Als Jerachmeel dies bemerkte, rollte er hastig seine Schriften zusammen und verließ ohne ein Wort des Abschieds den Raum. Die Tür krachte ins Schloss.

»Wir neigen dazu, das, was uns zu nahe geht abzuwehren und sagen dann: Das geht zu weit. Moralisten sind schlechte Historiker«, sagte Schamai leise. Dann rollte er die Schrift auf und sprach: »Ich lese uns nun den Schluss der umstrittenen Geschichte vor.

Da sprach Nathan zu David: Du bist der Mann! So spricht der Herr, der Gott Israels: Ich habe dich zum König gesalbt über Israel und habe dich errettet aus der Hand Sauls und habe dir deines Herrn Haus gegeben, dazu seine Frauen, und habe dir das Haus Israel und Juda gegeben; und ist das zu wenig, will ich noch dies und das dazu tun. Warum hast du denn das Wort des Herrn verachtet, dass du getan hast, was ihm missfiel? Uria, den Hetiter, hast du erschlagen mit dem Schwert, seine Frau hast du dir zur Frau genommen, ihn aber hast du umgebracht durch das Schwert der Ammoniter. Soweit der vorliegende Text.« Schamai schüttelte den Kopf: »Nein, damit ist die Geschichte nicht zu Ende, das wisst ihr wie ich«, und ohne eine Pause zu machen, erzählte er weiter: »David hörte den hallenden Schritt von Nathan draußen in den Gängen fast synchron mit seinem Herzschlag. Nur sein Herz beruhigte sich nicht, als Nathans Schritte verhallt waren. Zu plötzlich war alles über ihn gekommen, wie ein Schlag hatte ihn der Urteilsspruch getroffen: Du bist der Mann!

Und dann die Begnadigung – wie die Sonne nach schwerem Gewitter. Unwillkürlich schaute David durchs Fenster. Über die weiten Berge Judas spannte sich ein Regenbogen. David stand auf und trat ans Fenster. Er versuchte tief durchzuatmen. Aber dann brach es aus ihm heraus. Er weinte bitterlich.

Dann wusch er sich das Gesicht. Dabei fiel sein Blick in den Spiegel. ›Du bist der Mann.‹ Er schämte sich vor sich selbst. Gleichzeitig fühlte er sich erleichtert, wie von einer schweren Last befreit. ›Der Bann ist gebrochen‹, sagte er zu sich selbst, zog sein Notizbuch hervor und notierte darin: Schaffe in mir, Gott, ein reines Herz, und gib mir einen neuen, beständigen Geist.« (Psalm 51, 12)

Der Nachmittag war ausgefüllt mit Vorbereitungen für den bevorstehenden Besuch Hirams, des Königs von Tyrus. Am Abend, als David ganz allein in seinem Zimmer war, spürte er, wie eine innere Unruhe in ihm aufstieg. Der Kampf ist noch nicht gewonnen, dachte er. Waren es die unerledigten Aktenberge auf seinem Schreibtisch, die vielen unbeantworteten Bittbriefe der Armen, die aufgeschobenen Prozesse? Sein Blick fiel auf die Harfe. Mein Gott, wann habe ich das letzte Mal Harfe gespielt? Meinen königlichen Pflichten bin ich in den vergangenen Monaten nur noch sehr sporadisch nachgegangen, sagte er sich.

›So spricht der Herr, der Gott Israels: Ich habe dich zum König gesalbt über Israel.‹ Wieder war da die Stimme Nathans. Wieder stand ihm der Prophet vor Augen.

David ging unruhig im Zimmer auf und ab. Wie konnte ich nur so dumm sein, auf diese läppische Geschichte mit dem Schaf des armen Mannes reinzufallen? David ärgerte sich über sich selbst. Ich bin ihm voll auf den Leim gegangen, dachte er und hörte erst jetzt, dass der oberste Diener nach ihm rief: Im Protokoll für den Staatsbesuch sei nicht geklärt, ob Hiram vor dem Stadttor oder bereits im Stadttor empfangen werden solle. Gott sei Dank, dachte David, er hat mich aus meinem zwanghaften Grübeln herausgelockt.

Nach einem überraschend guten Schlaf war David am nächsten Morgen gut gelaunt aufgestanden. Der Staatsbesuch lief wie geplant. Am Abend, beim großen Empfang, erzählte David seinem Gast, dem König von Tyros, sein Problem mit dem Gottesmann Nathan. Er erzählte es sehr verfremdet und doch eindeutig klar: ›Was macht man bei euch mit solchen Leuten wie dem eben erwähnten Mitwisser?‹

Der König von Tyros schaute David erstaunt an und lachte lauthals: ›Was ihr Juden euch doch für Gedanken macht! Ihr macht aus allem ein Problem. Zuletzt könnt ihr vor lauter Problemen und vor lauter Mitgefühl nicht mehr leben. Menschenskinder, die Läuse muss man sich vom Hals halten, verstehst du? Es gibt zu viele Neider, Miesmacher, Möchtegerne. Die meisten sind nur zu feige. Sie haben Skrupel, wenn sie genießen. Ohne ein gewisses Maß an Grausamkeit gibt es keinen Genuss – verschwinden lassen, rate ich dir, sofort mundtot machen.‹

Er sagte diese Worte in einem Ton wie ein Soldatenstiefelschritt. David entdeckte die kalte Flamme in den Augen seines Gegenübers. Der muss das gespürt haben und fuhr fort: ›Wir Herrscher brauchen eine gewisse Kälte, um uns vor dem Fieber der Skrupel und Gewissensbisse zu schützen. Im übrigen‹, sagte er dann, ›das wird bei euch wie bei uns ähnlich sein: Um solche Seelennager zu beseitigen, hat man seine Leute. Falls du welche brauchst, ich könnte dir ein paar schicken.‹ Hiram lachte gönnerhaft und schlug David freundschaftlich auf die Schulter.

›Nein, nein vielen Dank‹, wehrte David ab. ›Das betrifft nicht mich persönlich, wie gesagt nicht mich, ich hab nur so gefragt.‹ David wechselte schnell das Thema.

In der folgenden Nacht konnte David schwer einschlafen. Unruhig wälzte er sich hin und her. Außer Nathan weiß es niemand. Dieser Satz trat sich in seinen Gedanken fest. Dazwischen hörte er immer wieder die andere Stimme: Gott klagt das Recht der Armen ein. Du bist der Mann! Und mitten drin das dröhnende Lachen Hirams, des abendlichen Gastes. David öffnete die Augen, setzte sich aufrecht hin und tastete nach dem Leuchter. Ein Halbschlaf-Traum, sagte er sich. Dieser Nathan, er verfolgt mich bis in den Schlaf. Er steckt in mir. Was Nathan mir sagte, habe ich mir selbst immer wieder gesagt und doch zugleich peinlich verschwiegen: Du bist der Mann! David hatte das halblaut vor sich hin gesagt, sodass Bathseba erwachte. ›Hast du mich gerufen?‹, fragte sie erschreckt. ›Nein‹, antwortete er, ›schlaf nur weiter‹, dabei strich er ihr liebevoll übers Haar. Bald merkte David an ihren langen Atemzügen, dass sie wieder eingeschlafen war. Im Halbdunkel fiel sein Blick auf die Wiege. Da schläft noch ein Zeuge, dachte er, beugte sich über das kleine Bett und gab seinem Sohn sanft einen Kuss auf die Stirn.

Seine Gedanken wanderten zurück: Wie kann aus einer so schönen Nacht ein solches Drama entstehen? Wie konnte ich mich so weit hineinziehen lassen in die düsteren Verstrickungen? Heimlichkeit fordert Heimlichkeiten. Sie gibt sich mit der nächtlichen Dunkelheit nicht mehr zufrieden. Sie zieht den Tag mit hinein ins Geschehen und bald belegt sie nicht nur die Nischen, sondern auch das Zentrum deines Denkens, um neue Verdunkelungsstrategien zu erfinden. Ich hätte früher Licht machen sollen, sagte er sich, gleich nach der Nacht mit Bathseba. Er versuchte sich zu erinnern. Oder vielleicht schon vorher. Jetzt erinnerte er sich genau. Er hatte die Nacht zuvor schlecht geschlafen, war sehr missmutig aufgestanden, mit so einem Gefühl der Leere, von Überfordertsein und Schwermut. Diesem Gefühl bin ich nicht nachgegangen, dachte David. Ich wollte es nicht wahrhaben und möglichst schnell vertreiben. Da schien der Anblick der bildhübschen Bathseba bei ihrem morgendlichen Bad genau das Richtige zu sein. David war aufgestanden und ganz leise auf den Balkon gegangen. Von hier oben habe ich sie beobachtet. Du, der Befehlshaber von 60'000 Soldaten und 2'000 Streitwagen, du solltest dir nicht die Frau nehmen dürfen, die dir gefällt? David erschrak bei diesem Gedanken. Die Macht hat mein Herz hart und unverwundbar gemacht. Ich habe Bathseba nicht erobert, ich habe nicht um sie geworben, ich habe sie mir einfach genommen. Du nimmst dir einfach und glaubst, das Recht dazu zu haben, weil du die Macht hast. Die Macht, dachte David, die Macht macht habgierig und hinterlistig. In meiner unersättlichen Gier habe ich dem Uria alles genommen, seine Frau und sein Leben.

›Ja‹, sagte David leise zu sich selbst, ›ich bin der Mann. Ich bin als König berufen und dazu beauftragt, das Gottesrecht durchzusetzen, den Armen und Elenden zum Recht zu verhelfen. Ja, ich bin der Mann, der seinem göttlichen Auftrag untreu geworden ist. Ich sollte Heil bringen und habe Unheil gestiftet. An dir, Gott allein, habe ich gesündigt und übel vor dir getan.‹

Erst jetzt bemerkte David, dass Bathseba hinter ihm stand. ›Nathan war vorgestern da‹, sagte David und sprach in die Nacht hinein. –
›Und?‹, fragte Bathseba und versuchte die Erregung in ihrer Stimme zu verbergen: ›Was wollte er?‹

›Nathan hat mir eine Geschichte erzählt‹, antwortete David und ohne Bathsebas Reaktion abzuwarten, begann er zu erzählen: ›Zwei Männer lebten in einer Stadt, ein armer und ein reicher. Der arme Mann besaß nichts als ein kleines Schaf. Das hatte er sich von seinem Ersparten gekauft. Es war sein ein und alles. Er pflegte es wie seine Tochter. Als der Reiche eines Tages Besuch bekam, war er zu geizig, eins von seinen Schafen zu schlachten. Er schickte Leute aus, das Schaf des Armen zu holen.‹

Bathseba war zutiefst erschrocken. Mit weit geöffneten Augen starrte sie in die Nacht. Intuitiv hatte sie die Geschichte als ihre Geschichte durchschaut. ›Bin ich denn wie ein Haustier, das man sich einfach nehmen kann?‹, fragte sie wie abwesend.

Nein, sie wollte die Geschichte nicht zu Ende hören, drehte sich um, ging zurück ins Zimmer und legte sich in ihr Bett. ›Es ist meine Geschichte, meine Leidensgeschichte in der Sprache der Männer‹, sagte sie und zog wie ein Kind die Decke über den Kopf.

Mitten in der Nacht wurden beide durch das Weinen ihres Sohnes aufgeweckt. ›Er hat Fieber‹, sagte Bathseba. Sechs Tage lang kämpften Bathseba und David verzweifelt gegen das steigende Fieber an. Am siebten Tag starb das Kind. Für Bathseba und David war der Tod ihres Sohnes ein unheimlich schwerer Schlag, der Auslöser von tiefer Traurigkeit und einem Gefühl der Erleichterung. Mit diesem Gefühlsgemisch wurden beide schwer fertig.

Leider«, so schloss Schamai seine Erzählung, »leider haben wir darüber keinerlei schriftliches Zeugnis. Aus den Quellen erfahren wir auch nichts darüber, wie Bathseba dieses Intrigenspiel um sich empfunden hat. Wenn ich einmal vor Gott stehen darf«, sagte Schamai, »dann werde ich ihn fragen, warum dieses Kind sterben musste, dieses namenlose, unschuldige Kind.«

Schamai blickte zu Boden und schwieg. Dann schüttelte er den Kopf:

»Auch der König Salomo hat diese Geschichte nicht verstanden. Sie hätte ihm ein Spiegel sein können, aber er hat nie in diesen Spiegel geschaut.« Die letzten Worte sprach Schamai ganz langsam und schaute dabei jeden an. Dann packte er seine Sachen zusammen, sprach den Segen und verabschiedete sich.

10. Vergeben heißt Chancen geben

1. Johannes 1, 7

Die halbleere Wohnung, die Berge von ungespültem Geschirr in der Küche, der übervolle Wäschekorb, manchmal spürte er den Drang alles aus dem Fenster zu werfen. Und … ja, und ganz neu anzufangen. Aber wo anfangen? Und was heißt da neu? Seit seine Frau ausgezogen war, beschlich ihn oft gleich nach dem Aufwachen, das quälende Gefühl, etwas Wesentliches versäumt, etwas falsch gemacht zu haben. Und in dieses Gefühl mischte sich Hilflosigkeit.

Nein, es war eher wie ein Zwang, wie ein inneres Verbot zu leben, lebendig zu sein. Sollte das alles gewesen sein?, fragte er sich selbst im Spiegel.

Thomas fiel ihm ein. Ich muss Thomas heute Mittag von der Schule abholen. Er bleibt dann bis Sonntagabend bei mir.

Wo soll ich mit ihm hin? Was soll ich mit ihm unternehmen?

Einen Augenblick überlegte er, ob er mit seinem 8-jährigen Sohn verreisen sollte, irgendwohin in ein Hotel. Oder …

Er konnte sich, wie so oft, nicht entschließen.

Aber wenn Thomas den ganzen Dreck hier sieht!? Das Chaos in meinen vier Wänden!?

»Horst, du kannst nur einen Weg gehen«, hatte seine Grundschullehrerin oft zu ihm gesagt. Merkwürdig, dachte er, dass mir in letzter Zeit dieser Satz immer wieder einfällt. Du kannst nur einen Weg gehen. Ob ich mal mit der alten Else reden sollte?

Kurz entschlossen setzte er sich auf sein Rad und fuhr in die Grabenstraße 15. Die alte Else Nerbig saß am Küchentisch und flickte die Kleider ihrer Enkelkinder.

»Entschuldigen Sie«, begann er: »Aber ich muss mal mit ihnen reden …«

»Du kommst spät«, sagte sie ohne aufzuschauen.

Hat die Alte auf mich gewartet?, dachte er einen Augenblick. Wie meinen Sie das?, wollte er fragen, zögerte aber und antwortete: »Ich weiß oft nicht mehr, was ich tun soll.«

Die alte Lehrerin hob langsam den Kopf und schaute ihn mit großen Augen an: »Du bist nicht zu Hause bei dir«, sagte sie langsam. »Ja, ja«, stammelte er, »ich grüble in letzter Zeit zu viel.«

Sie schüttelte den Kopf: »Du lebst im Gestern, hängst an dem, wie es hätte sein sollen. Oder«, sie zögerte, »oder du verfällst, wie in der Schule, deinen Tagträumen, wie du sein möchtest. Und wenn du dich dann mit deinen Idealen vergleichst, bist du klein, traurig und unzufrieden. Wer nicht in sich zu Hause ist, kann nirgendwohin gehen.«

Jetzt fängt sie an zu spinnen, dachte er und entschloss sich zu gehen. Doch plötzlich stand die alte Frau auf, schaute zum Himmel und rief: »Oh, es wird gleich regnen, meine Wäsche, mein Heu, das Heu für die Hasen!«

Es blieb ihm nichts anderes übrig, als das Heu in den kleinen Schuppen zu tragen.

»Wenn du nicht gewesen wärst ...«, sagte sie, als die ersten Tropfen fielen. Dabei drückte sie ihm den Wäschekorb in die Hand und wies den Weg nach oben, die schmale Treppe hinauf.

»Wo waren wir stehen geblieben?«, fragte sie, als sie sich wieder am Küchentisch gegenübersaßen.

»Beim zu Hause sein«, antwortete er mürrisch. Sie lachte: »Die wenigsten Menschen sind bei sich zu Hause und darum immer in Eile. Sie haben keine Bleibe. Zu Hause sein beginnt im eigenen Herzen.«

»Ich halte es bei mir nicht aus, verstehst du!«, rief er aufgebracht. »Ich habe schon viel zu viel falsch gemacht!«

Sie nickte: »Du musst nach Hause kommen!«

»Und wie bitte schön?« Er dachte wieder ans Aufstehen und Gehen.

»Indem du Frieden schließt mit dem, was war.«

»Sie meinen, ich sollte mir meine Fehler vergeben. Das habe ich schon hunderte Male gemacht.«

»Nicht selbst vergeben – vergeben lassen«, sagte sie ruhig, »von dem da.« Sie zeigte auf das Kruzifix an der Wand. »Wie sagte er doch: Dir sind deine Sünden vergeben und nimm dein Bett und geh. Beides gehört zusammen, denn Vergeben heißt Chancen geben, Chancen zu einem Neuanfang. Chancen alte Fehler nicht zu wiederholen. Das Leben liegt vor dir, mein Lieber, nicht hinter dir!«

Sie sagte das wie eine Prophetin und verfiel in ein tiefes Schweigen.

»Übrigens«, fügte sie dann leise hinzu, »das haben nur wenige verstanden: Er«, und sie zeigte wiederum auf den gekreuzigten Christus, »er ist für seine Botschaft gestorben. Ja, er hat sein Blut dafür vergossen. Einige gelehrte Leute haben aus seinem Tod eine neue Lehre, eine Erlösungslehre, machen wollen. Aber er hat keine neue Lehre gebracht, sondern vorgelebt, was Versöhnung nach den Worten der Väter und Mütter seines Volkes bedeutet: Nahe kommen, Gott nahe kommen, den Menschen nahe kommen. Vergeben heißt Chancen geben, Chancen zum Leben.«

»Bei Ihnen war Religion nie langweilig«, sagte Horst ein wenig verlegen. Die alte Else nahm das Kompliment gerne an.

»Danke«, rief sie, stand auf und ging zum Herd.

»Tut mir Leid, ich muss jetzt kochen.« Sie ließ ihn sitzen und begann am Küchenherd zu hantieren.

»Oh je!« Er sprang auf. »Oh je!, ich muss meinen Sohn von der Schule abholen!«

»Siehst du …«, sagte sie und schaute ihn dabei aus den Augenwinkeln an. Als er dann die schmale Treppe hinunterstieg, stand sie oben am Geländer:

»Wundere dich nicht, wenn du in den kommenden Tagen traurig sein wirst und weinen kannst.«

»Nach Weinen ist mir gerade nicht zu Mute«, rief er zurück und ließ die Tür ins Schloss fallen.

Thomas, sein Sohn, war sehr erstaunt, als ihn sein Vater in die Arme nahm, fest an sich drückte und sagte: »Na, wie war es in der Schule?«

»Papa«, sagte Thomas am Abend, »du bist heute so anders. Ist was?«

Sein Vater lächelte: »Ja, es ist viel los und ich bin gespannt auf morgen.«

Thomas konnte lange nicht einschlafen. In der Stimme seines Vaters lag eine Traurigkeit, dachte er, traurig und müde, klang seine Stimme, und doch irgendwie sehr erwartungsvoll ...

11. Der Schmerz ist immer noch groß

Matthäus 21, 1-11

Sie haben mir meine Eselin weggetrieben. In der Nacht, als wir beide schliefen, mein kleiner Sohn und ich. Genauso, wie es in den Heiligen Schriften steht: *Sie trieben den Esel der Waisen weg.* (Hiob 24, 3) Ich habe nie glauben können, dass Menschen dazu fähig sind. Bis, ja bis ich es selbst erleben musste.

Auch die besten Freundinnen konnten es nicht verstehen, dass ich Mescha, unserer Eselin, länger nachgeweint habe, als unserem Acker, den sich der Großgrundbesitzer und Geldverleiher wenige Wochen nach dem Tod meines Mannes angeeignet hatte. Mir ist der Verlust von Mescha trotzdem leichter gefallen als meinem damals 5-jährigen Sohn. Ich wusste ja, mit der Eselin sind auch meine Schulden weg.

Benjamin jedoch hat dem Tier ein ganzes Jahr lang nachgeweint und es überall gesucht. Jedem Esel ist er nachgelaufen. Und jedes Mal kam er enttäuscht zurück: »Sie hat mich nicht erkannt. Sie ist es nicht. Der kleine weiße Fleck über dem Auge fehlt.«

Mir ist es damals mit viel List gelungen dafür zu sorgen, dass unsere Eselin nicht in der Nähe blieb, sondern an einen Händler in Jerusalem weiterverkauft wurde. Auch ich habe sie seitdem nicht mehr gesehen. Bis zu jenem Tag vor zwei Jahren in Jerusalem. Diesen Tag werde ich nie vergessen.

Unser Sohn Benjamin ist heute 14 Jahre alt, aber für sein Alter noch sehr klein. Sein Kopf dagegen ist im Verhältnis zu seinem Körper viel zu groß. Trotzdem sind seine Gedanken nicht mitgewachsen. Benjamin ist seinem Verhalten nach immer noch wie ein kleines Kind. Lange habe ich mich seinetwegen geschämt, ihn und mich vor den herablassenden Blicken der Nachbarn versteckt. Aber als Benjamin wieder einmal mit blutender Nase nach Hause gerannt kam, bin ich vors Haus gerannt und habe seinen Peinigern auch eine blutige Nase verpasst. Merkwürdig, von diesem Tag an sagte ich mir: »Benjamin ist dein Kind. Und du bist seine Mutter!«

Die Wunschvorstellungen, wie mein Kind sein müsste, um es lieb zu haben, hatten ihre lähmende Macht über mich verloren. Seit diesem Tag haben wir beide, Benjamin und ich, das Lachen wieder entdeckt. »Jedem, der dich anrührt, haue ich die Nase platt!«, habe ich, als ich von meinem Rachezug zurückkam, gerufen, und dann haben wir beide Tränen gelacht. Es ist seitdem kaum ein Tag vergangen, an dem wir nicht herzlich gelacht und uns über Kleinigkeiten gefreut hatten.

Nein, ich hatte vorher die kleinen Anlässe zur Freude gar nicht mehr gesehen. Die Entdeckungen machte meistens Benjamin. Allerdings, das will ich nicht verschweigen, es gibt noch eine andere Kraftquelle für mich: Meine Wut, meine abgrundtiefe Wut. Seit sie mir die Eselin weggetrieben haben, ist die Wut auf Chajim, den Geldverleiher und seine Helfershelfer in unserem Dorf jeden Tag gewachsen.

Chajim, sein Name bedeutet Leben, verstand es in der Tat zu leben. Das Ufer des Sees von Tiberias – mein Heimatort Bethsaida liegt direkt am See – gehörte zum größten Teil dem Chajim und seinen Verwandten. Benjamin und ich mussten – obwohl unser kleines Haus, das mein Mann selbst gebaut hatte, nur drei Minuten vom See entfernt lag – eine halbe Stunde laufen, um einen freien Badeplatz zu finden.

Ich habe seit einigen Jahren einen kleinen Stand auf dem Wochenmarkt. Ich verkaufe Heilkräuter und Tee. Damit kann ich meinen Sohn und mich ernähren. Nein, ich gebe kein Geld mehr aus für die Heiler, die versprechen, das Wasser aus dem Kopf meines Sohnes zu vertreiben. Die Zeit, in der ich große Schulden machte, um meinen Sohn zu heilen, wie sie es nannten, sind vorbei. Und damit auch die Abhängigkeit vom Geldverleiher. Seit jenem Wutausbruch sage ich mir: Mein Sohn ist heil.

Aber die Wut ist geblieben. Sie sitzt tief. Ich könnte dem Geldverleiher, dafür habe ich lange gespart, Giftpulver unter seinen Lieblingstee, den er am Freitag bei mir kauft, mischen. Keiner würde es merken. Dann wäre unser Dorf den Tyrannen los.

Ich war bisher fest von meinem Plan überzeugt. Seit einiger Zeit kommen mir Zweifel, ob ich es nicht doch besser wegschütten soll, das Giftpulver. Was mich plötzlich zweifeln lässt?

Nein, ich kann es mir selbst nicht erklären. Seitdem ich ihm, Jeschu, dem Gottesmann aus Nazareth, begegnet bin, seitdem er mich angesprochen hat, kommen mir Zweifel. Ich sagte schon, den Augenblick werde ich nie vergessen: Wir beide, Benjamin und ich, er war damals gerade zwölf geworden, waren zum Passahfest nach Jerusalem gezogen. Wir standen am Straßenrand in der Menge und warteten auf Jeschu. »Er wird heute in die Stadt kommen«, sagten die Leute.

Benjamin hatte, wie die Menschen neben ihm, seine Lammfelljacke ausgezogen und auf die Straße gelegt. Mit bloßem Oberkörper stand er stolz da und flüsterte mir zu: »Ob er wohl darüber geht!?« Es war eine unglaublich gespannte und doch sehr fröhliche Stimmung. Wir sangen das Zionslied: »Machet die Tore weit und die Türen in der Welt hoch, dass der König der Ehre einziehe«, und riefen im Chor: »Hosianna = Hilft doch, gib doch Heil!«

»Endlich wird einer von uns König!«, flüsterte der alte Mann neben uns. »Er wird uns aus der Armut erlösen.«

Dann kam Jeschu. Er ritt auf einem Esel. Mir blieb fast das Herz vor Schreck stehen: Jeschu ritt auf Mescha, unserer Eselin.

Unwillkürlich hielt ich Benjamin fest. Aber er starrte nur auf seine Lammfelljacke und war enttäuscht, dass Jeschu wenige Schritte davor abstieg und auf uns zuging. Jeschu hob Benjamin auf die Eselin und ließ ihn ein Stück reiten. Benjamin weinte, als Jeschu ihn vom Rücken der Eselin hob. Er weinte vor Freude. Oder hatte er Mescha erkannt? »Gott kommt auf euch zu. Unerkannt und unerwartet, so wie jetzt!«, hat Jeschu zu mir gesagt. Und: »Erzähl Benjamin, was du mit Gott erlebt hast, so bleibt Gott unter euch lebendig.«

Ja, seitdem erzähle ich Benjamin von Gott und von Jeschu. Ich habe mich denen angeschlossen, die wie Jeschu an Gott, den barmherzigen Vater, der uns in jedem Augenblick nahe ist, glauben.

Immer wieder muss ich meinem Sohn von Bartimäus, dem blinden Mann vor den Toren von Jericho, erzählen. Jesus hatte ihm die Augen geöffnet. Abends betet Benjamin: Großer Gott, öffne mir die Augen, dass ich sehe! Amen.

Er betet das, obwohl er doch nicht blind ist!?

Ich selbst denke oft darüber nach, was Jeschu meinte, als er mir damals sagte: »Gott kommt auf euch zu. Unerkannt und unerwartet, so wie jetzt.« Ich spüre, er wollte mir damit etwas Wichtiges sagen.

Von dem Gift habe ich mich noch nicht getrennt. Nein.

12. Du mutest mir viel zu

Johannes 21, 15-18

Abends konnte er sich leichter ablenken. Aber morgens, im Halb-schlaf, während des Hahnenschreis war es am schlimmsten. Wie im Tagtraum war alles wieder da. Dem Hahn da draußen hätte er den Hals umdrehen können. Aber der Hahn hatte ja nun wirklich mit sei-nem Versagen in jener Nacht am wenigsten zu tun.

Wenn er sich dann beim Waschen im Spiegel erblickte, sprach er zu sich wie zu einem Fremden.

Die Tage in Jerusalem waren schrecklich.

Diese zwanghafte Erinnerung am frühen Morgen. Manchmal spielte er in Gedanken durch, wie es wäre, wenn er seinem Freund Jesus noch einmal begegnen könnte. Er überlegte, was er ihm antworten würde auf die schreckliche Frage: »Warum hast du mich verleugnet?«

»Ich wollte ja nicht«, würde er dann antworten. »Ich hatte fest vor ...« Vor dem Hohen Priester hätte ich gesagt: »Ich bin sein bester Freund. Ich gehöre zu ihm.« Aber die Putzfrau, ihre Frage so nebenbei, auf die war ich gar nicht gefasst.

Ganz mulmig wurde mir, als Maria Magdalena herbeigerannt kam und behauptete: »Jesus lebt! Er ist mir begegnet.«

Ja, ja, dachte Petrus, es ist deine Liebe, die solche Wahnideen gebiert.

Besser ging es ihm erst, als er sich entschloss, nach Galiläa in seinen alten Beruf zurückzukehren. Arbeit ist die beste Medizin gegen Grübe-leien. Der Alltag birgt heilende Kräfte in sich. Das normale Leben trös-tet über vieles hinweg. Beim Flicken der Fischernetze, vor allem aber draußen auf dem See, im Kampf mit Wind und Wellen spürte er sei-nen Körper, seine Hände, seine Muskeln, seine Kraft. Wie früher.

Nein, wie früher wird nichts mehr, dachte er und zog das Netz ins

Boot. Wie in einem Selbstgespräch fügte er leise hinzu: Wie früher darf es auch nicht mehr werden. Früher, sagte er sich, habe ich mich oft mit den anderen verglichen. Allen anderen habe ich zugetraut, ihn zu verleugnen. Ich war davon überzeugt, der einzige Starke zu sein. Ich werde dich nie verlassen, und wenn ich mit dir sterben müsste! Die gemeine und feige Seite hatte er von sich abgespalten. Die Feigen, das sind die anderen. Seit jener Nacht wusste er nun: Die Feigheit gehört auch zu mir. Die Angst ist eine Seite an mir. Ich bin mir selbst näher gekommen, dachte Petrus, als er am Ufer anlegte. Ich brauche nicht mehr andere als feige hinzustellen, um mich selbst als mutig darzustellen. Öfter hatte er in den vergangenen Tagen, wenn zwei seiner Mitarbeiter sich stritten, ganz verblümt gefragt: »Sag mal, was ist eigentlich dein Teil von dem, was du dem anderen vorwirfst?«

Langsam lernte Petrus, jene Nacht als die Nacht seines Lebens anzunehmen: »Ohne diese Nacht säße ich wohl immer noch auf meinem hohen Ross!« Ja, und dann war da diese Begegnung am See, nach dem Essen: *Als sie nun das Mahl gehalten hatten, spricht Jesus zu Simon Petrus: Simon, Sohn des Johannes, hast du mich lieber, als mich diese haben? Er spricht zu ihm: Ja, Herr, du weisst, dass ich dich lieb habe. Spricht Jesus zu ihm: Weide meine Lämmer!*

Spricht er zum dritten Mal zu ihm: Simon, Sohn des Johannes, hast du mich lieb? Er spricht zu ihm: Ja, Herr, du weisst, dass ich dich lieb habe. Spricht Jesus zu ihm: Weide meine Schafe!

Wahrlich, wahrlich, ich sage dir: Als du jünger warst, gürtetest du dich selbst und gingst, wo du hin wolltest; wenn du aber alt wirst, wirst du deine Hände ausstrecken, und ein anderer wird dich gürten und führen, wo du nicht hin willst ...

Und als er das gesagt hatte, spricht er zu ihm: Folge mir nach! (Johannes 21, 15-19)

Bei der dritten Frage war ihm, als krähte der Hahn. Unwillkürlich drehte er sich um, wie damals. Aber Jesus stand ja vor ihm. Und er hatte nicht gefragt: »Warum hast du mich verleugnet? Wie konntest du nur?« Oder: »Siehst du, ich habs ja vorausgesehen.«

»Hast du mich lieber, als mich diese haben?«, hatte er gefragt.

Von lieber kann seit jener Nacht keine Rede mehr sein, dachte Petrus und antwortete klar und fest: »Ja, Herr, du weißt, dass ich dich lieb habe. Hast du mich lieb?«

»Petrus, von mir her gesehen, steht nichts mehr zwischen uns. Wie ist das aber aus deiner Sicht? Hast du mich lieb? Mich, den Weg, die Wahrheit, das Leben? Mich, das Licht? Oder willst du im Dunkeln des Vergangenen, in Schuld und Selbstvorwürfen bleiben? Hast du mich lieb?«

Diese Frage war wie eine ausgestreckte Hand, wie die Einladung zum neuen Anfang, zum Vertrauen.

Hast du mich lieb?

Bist du bereit, nach vorne zu schauen, dich auf den Weg zu machen?

Hast du mich lieb?

Kannst du Vergebung annehmen, oder willst du dich selbst festlegen auf das, was war?

Später, als Petrus anderen Menschen von Jesus erzählte und sie taufte, erinnerte er sich: Jesus hat mich gefragt: Bereust du deine Schuld? Glaubst du an die Auferstehung? Glaubst du an das ewige Leben und an mich, den Sohn Gottes? Nein, er hatte gefragt: »Hast du mich lieb?«

Dies war kein Glaubensexamen, sondern eine Beziehungserklärung.

»Du weißt, dass ich dich lieb habe. Du weißt es, auch wenn ich es manchmal nicht so sicher weiß«, sagte Petrus.

»Weide meine Schafe, meine Lämmer, leite die Gemeinde.«
Petrus verstand: Jesus, er traut mir zu, mit dem Lebendigen umzuge-
hen, Verantwortung für das Leben zu übernehmen. Er traut mir zu,
dafür Sorge zu tragen, dass keiner verhungert.
Er traut mir zu, Quellen zu entdecken und aufzugraben, die vor dem
Verdursten retten.
Er traut mir zu, die schwächsten, die schwarzen Schafe, die Ausge-
stoßenen, an den Rand gedrängten, die Problematischen nicht aus
dem Auge zu verlieren.
Er traut mir den Mut zu, die Vielen stehen zu lassen, um mich um einen
zu kümmern.
Er mutet mir zu, mit Wölfen zu kämpfen.
Er mutet mir zu, die Bedrohung des Lebendigen rechtzeitig zu erken-
nen und ihr zu begegnen.
Er mutet mir zu, den Mächten des Todes, der Vergiftung, der Verwüs-
tung Widerstand zu bieten.
»Und ein anderer wird dich gürten und führen, wo du nicht hin willst.«
Er mutet mir zu, Wege zu gehen, von denen ich mir nie hätte träumen
lassen:
Wege in die Schluchten und Täler der Angst.
Wege in die Hölle der Verzweiflung.
Wege in die Abgründe von Versagen und Schuld.
Wege in das Leiden um des Lebens willen.
Manchmal, wenn eine Frau oder ein Mann ängstlich fragte: »Meinst
du, dass auch ich ein Bote des Lebens sein könnte?«, dann lachte Pe-
trus und erzählte von seiner Nacht und von jenem Morgen, als Jesus
am Ufer stand und ihn fragte: »Hast du mich lieb?«

13. Warte, das kriegen wir auch noch hin

Lukas 24, 13-35

Sie galten als unzertrennlich, der achtjährige Steve mit der roten Zipfelmütze und der vollbärtige, dicke Konrad mit dem Filzhut. Komisch sahen die beiden aus, wenn sie wie fast jeden Nachmittag miteinander spazieren gingen.

Auf dem linken Fuß humpelte der alte Konrad ein bisschen. Zwei Zehen waren ihm in Russland abgefroren. Damals, in jenem schrecklichen Krieg, so erzählten die Leute im Dorf, damals habe der alte Konrad sich von Ratten ernährt.

Von all dem wusste Steve nicht viel. Er bekam Angst, wenn die Erwachsenen vom Krieg erzählten. Konrad sprach nie mit ihm über den Krieg. Meistens unternahmen sie lustige Sachen. So spazierten sie in den Sommerferien als Clowns verkleidet durch die Dorfstraße und machten Musik. Konrad auf der Geige und Steve auf einer Blechschüssel.

Ein andermal saßen beide Pfeife rauchend auf der Friedhofsmauer. Steve war es zwar hinterher kotzübel, aber Spaß hatte es gemacht. Einige Leute im Dorf mauschelten, der alte Konrad habe von seinem Kopfschuss einen leichten Dachschaden behalten. Steve hatte die Narbe an Konrads Kopf oft angeschaut und jedesmal sagte der alte Konrad: »Gott sei Dank! Ein Streifschuss. Meinen Geist haben die nicht verwundet.«

Im vorletzten Winter, es war genau am 31. Januar, hatte Konrad zu Steve gesagt: »Die meisten Leute hier sind so fürchterlich normal. Oder, wie würdest du sagen: stinklangweilig. Komm, wir machen uns einen Spaß.« Und dann zogen beide in Badehosen und Schwimmflossen durchs Dorf zum Bäcker Lenz und bestellten sich eine große Portion

Eis. Steves Mutter hatte getobt, als sie das erfuhr. »Du hättest dich erkälten können!«

Ja, so war der alte Konrad. Er mochte die Kinder, und kein Spaß war ihm fremd. Bis – bis man Steve in einem kleinen weißen Sarg zu Grabe trug. Das war im Frühling vor genau einem Jahr. Keiner im Dorf konnte glauben, dass Steve, ohne nach links geschaut zu haben, einfach über die Straße gelaufen war. Ein Auto hatte Steve überfahren, und er war auf der Stelle tot, so sagte man. Andere wollten noch gehört haben, dass Steve nach seiner Mutter und dem alten Konrad gerufen habe. Seit dem Tod von Steve hatte sich Konrad in sein Haus am Berg eingeschlossen. Auch in der Kirche, in die er an Sonntag ab und zu gegangen war, ließ sich Konrad nicht mehr sehen. Den Pfarrer hatte er wissen lassen: Er, Konrad Becker, habe den Glauben an den lieben Gott verloren. So hatte man sich im Dorf daran gewöhnt, dass der alte Konrad, wie die Leute sagten, immer kauziger und menschenscheuer wurde. Bis eines Tages ausgerechnet Axel, der größte Schlingel im Dorf jenen Zettel mit der kaum leserlichen Unterschrift: Konrad Becker, im Rathaus fand.

Axel war der älteste von fünf Geschwistern. Seinen Vater hatte er nie gesehen. In der Schule galt er als Versager und schrieb meistens eine schlechte Note im Diktat. Als Elfjähriger musste er seiner Mutter fleißig helfen. So kam es, als er für seine Mutter eine Bescheinigung auf dem Rathaus abholen musste, dass Axel am Kummerbrett den Zettel fand, der ihn, weil er so unleserlich geschrieben war, interessierte. Er riss den Zettel einfach ab und nahm ihn mit nach Hause. Sein Bruder half ihm beim Entziffern der krackeligen Schrift: »Suche jemand, der mir beim Einkaufen hilft und ab und zu mit mir spazieren geht. Konrad Becker, Bergstraße 12.«

Ja, und dann stand Axel zwei Tage später vor dem kleinen Haus in der Bergstraße 12 und klopfte an die Tür. Eine Klingel gab es nicht.

Axel hatte sich extra gekämmt, die Nase geputzt und seine Schuhe im Gras vom gröbsten Schmutz gereinigt.

»Komm rein!«, rief eine Stimme von drinnen, »die Tür ist offen!« Hatte der Alte gar auf ihn gewartet?

Seitdem verdiente sich Axel beim alten Konrad sein Taschengeld, kaufte für ihn ein und ging sonntags mit ihm spazieren. Und weil der alte Konrad wenig sprach, erzählte Axel ihm meistens Geschichten. Er erzählte von der Schule, von den Streichen seiner vier Geschwister, von den Sorgen seiner Mutter …

Kurz nach Ostern wollte ihm jedoch nichts einfallen, deshalb erzählte Axel einfach die Geschichte aus dem Kindergottesdienst: »Die Kumpel von Jesus waren sehr enttäuscht von ihm. Und sie waren enttäuscht von Gott. ›Gott‹, sagt der eine, Kephas hieß er, ›ich glaube nicht mehr an dich, den lieben Gott. Du hast Jesus unter so viel Schmerzen am Kreuz sterben lassen. Wo bleibt da dein Mitleid?‹

›Ich habe ja immer noch auf ein Wunder gehofft‹, sagte der andere Kumpel. ›Aber als sie ihn auf den Friedhof trugen und beerdigten, war für mich klar: Es gibt ihn nicht, den lieben Gott.‹«

Axel erzählte so anschaulich, dass sich der alte Konrad alles ganz genau vorstellen konnte. Inzwischen waren beide an dem kleinen Bach angekommen. Sie setzten sich auf die Bank unter die große Birke. »Erzähl weiter!«, brummte der alte Konrad. Und Axel erzählte, wie die Frauen am Ostermorgen vor dem leeren Grab standen, dann zu den Jüngern gingen und ihnen sagten: »Jesus lebt. Er ist auferstanden von den Toten.« »Weißt du, was die Jünger den Frauen geantwortet haben?« Konrad schüttelte den Kopf.

»Die beiden Kumpel haben gesagt: ›Auf Weibergequatsche hören wir nicht.‹ Ja, und dann sind sie von Jesus weg nach Hause gegangen. Sie wollten von Jesus, von Gott, von allem nichts mehr wissen. In ihre alte Arbeit wollten sie zurück. ›Arbeiten hilft zu vergessen‹, sagten sie sich. Plötzlich kam ein Fremder auf dem Weg. Der wollte sie zuerst überholen, ging dann aber lange schweigend neben ihnen her und hörte aufmerksam zu. Dabei nickte er öfter mit dem Kopf und sagte: ›Ganz klar, wer die Menschen so liebt, wie euer Freund Jesus, der wird mit den Mächtigen bald Ärger bekommen. Ist doch ganz klar! Sogar in den Heiligen Schriften steht das geschrieben.‹ Die beiden Kumpel guckten den Fremden mit großen Augen staunend an. Aber erst, als der Fremde das Brot austeilte und dabei betete, erkannten die Kumpel, dass es Jesus, ihr Freund, war.«

»Unmöglich«, rief der alte Konrad. »Ein Toter wird nicht wieder lebendig. Glaub ich nicht, deine Geschichte, aber mach dir nichts draus«, fügte er tröstend hinzu.

Axel war erschrocken über das, was der alte Mann gesagt hatte. Und Axel wunderte sich: So viel hatte Konrad noch nie mit ihm gesprochen. Verwirrt schaute Axel den Alten von der Seite an. Der alte Konrad aber erwiderte seinen Blick nicht. Er schaute auf den Bach, auf die Brücke und schwieg. Dann, nach langem Schweigen, löste sich Konrads Zunge:

»Du, Steve, weißt du noch, wie wir beide Forellen gefangen haben und ich beinahe in den Bach gefallen wäre? Du hast dich halb tot gelacht. Dann haben wir ein Feuer gemacht und die Fische hier draußen miteinander gebraten und gegessen. Du, Steve, ich schmecke noch heute den frischen Fisch. Er war an einer Stelle ein bisschen angebrannt.«

Plötzlich stockte der alte Mann. Er fasste sich an den Kopf. Dann packte er Axel am Arm. »Hab ich gerade Steve zu dir gesagt? Ich glaube, ich bin ein bisschen verwirrt. Entschuldige bitte, aber mir war gerade so, als säße Steve neben mir.«

Dann, nach einigem Zögern, sprach der alte Konrad weiter: »Du,

Axel, erzähle mir bitte noch mal deine Geschichte von dem Jesus damals auf dem Weg.«

Axel schaute Konrad mit großen Augen an. »Es ist nicht meine Geschichte. Ich habe sie in der Kirche gehört.«

»Bitte, erzähl sie mir noch einmal, bitte!«

»Also gut, wenn du sie noch mal hören willst«, begann Axel. »Das war so …«

Axel erzählte alles noch einmal. Der alte Konrad nickte. »Vielleicht«, sagte er dann leise, »vielleicht ist Steve auch die ganze Zeit mit uns gegangen. Nur – wir haben ihn nicht gesehen, wie die Kumpel damals bei Jesus.«

Wieder versank der alte Konrad in langes Schweigen. »Axel«, sagte er dann mit fester Stimme. »Das mit den Fehlern im Diktat – wenn du willst, erkläre ich dir ein paar Regeln, wann man ein h und wann ein scharfes ß schreibt.«

»Das wäre toll«, rief Axel. »Wir könnten dabei ja spazieren gehen. Und das mit den Fischen«, Axel stockte, »das mit den Fischen würde ich mit dir auch gerne einmal machen.« Der Alte nickte und Axel spürte, das war wie ein Versprechen. Als der alte Konrad sich von Axel nach dem Spaziergang verabschiedete, sagte er leise: »Irgendwie gefällt mir deine Geschichte von Jesus. Ich glaube, sie ist doch wahr.«

Die Leute in der Kirche reckten ihre Hälse und wunderten sich, als der alte Konrad am Sonntagmorgen in die Kirche gehumpelt kam. Ja, er ging gebeugter, aber in seinen Augen konnte man wieder das Funkeln erkennen. Auch die Lehrerin wunderte sich, dass Axel im letzten Diktat statt 45 Fehler nur noch 12 Fehler gemacht hatte.

»Warte«, sagte der alte Konrad, als Axel ihm das Diktatheft zeigte, »warte, das kriegen wir auch noch hin!«

14. Den Weg werde ich nie vergessen

1. Mose 22, 1-14

Ich bin sicher, du, liebe Leserin, lieber Leser, ihr wisst, wie belastend Schweigen sein kann. Wenn ich sage »Wissen«, so muss ich gleich hinzufügen: Wissen heißt für mich, erfahren, durchlebt, erlitten, ausgehalten haben.

Ja, es heißt auch, die eisige Kälte – oder sollte ich treffender sagen die Abgründe des Schweigens – zu fürchten. Wir beide, denke ich, wissen auch, wie einsam Schweigen macht.

Damit wir uns recht verstehen, schweigen meine ich nicht in Bezug auf die inneren Stimmen. Die reden umso lauter, je stiller es draußen ist. Ja, stimmt, absolutes Schweigen gibt es nur im Tod. Aber reden Tote nicht auch? Oh, während ich darüber nachdenke, wird mir klar, Schweigen lässt sich nicht beschreiben. Es sperrt sich gleichsam von seinem Wesen her besprochen zu werden. Wenn Menschen miteinander schweigen, stehen sie oft in einem intensiven Dialog miteinander, einem Gespräch, bei dem jeder dem anderen seine Einbildungen in den Mund legt. Tiere können bekanntlich nicht sprechen. Aber – und diese, Behauptung hat bisher noch niemand widerlegen können – Tiere hören und verstehen die Sprache des Schweigens.

So auch damals der Esel auf dem langen Weg des Schweigens ins Land Moria:
Alles war anders an jenem Tag. Die spärliche Last auf meinem Rücken: zwei Bündel Holz, der Wasserschlauch und ein Korb mit Brot und Früchten. Normalerweise bindet mir mein Herr auch noch ein oder gar zwei Opfertiere auf, wenn wir zu einem fernen Berg reiten. Nein, ich konnte die Ohren spitzen und drehen wie ich wollte, kein

Ton war zu hören. Abraham und sein Sohn sprachen kein Wort miteinander. Sonst brummte mein Herr öfter was in seinen Bart oder begann zu singen. Nein, wie gesagt, kein Sterbenswort. Aber, das spürte ich genau, ihn plagte etwas. Mit gesenktem Kopf starrte er auf den Weg. An seinem Schritt erkannte ich, irgendetwas quält ihn. Weit ausholend, lang, breitbeinig, bodenständig, ruhig, gleichmäßig waren seine Schritte normalerweise. An jenem Tag aber ging er hastig, unruhig, flüchtig, ja fast schwebend, wie wenn ihm der Boden unter den Füßen zu heiß geworden wäre.

Immer wieder blieb er stehen. Nein, nicht entspannt, sondern steif, gerade aufgerichtet, stramm, als erwarte er einen Befehl.

Unheimlich waren die beiden Nächte unserer Reisen, genauer gesagt der Hinreise zum Opferberg. Lange stand Abraham vor seinem Zelt und schaute in den sternenklaren Himmel. »Du hast doch gesagt ... und jetzt!« Mehr als dieser abgebrochene Satz kam nicht aus seinem Mund, dann erstickten Tränen seine Stimme. So hatte ich Abraham noch nie erlebt, so unruhig, so aufgewühlt.

Isaak, Abrahams Sohn, war sehr zärtlich zu mir. Sein Vater Abraham auch, aber nie beide gleichzeitig! Einmal streckten beide ihre Hand aus, um meinen Hals zu streicheln. Ihre Finger berührten sich einen Augenblick. Blitzartig zog jeder seinen Arm zurück, ohne sich anzusehen, ohne ein Wort zu sagen.

Oder – wenn ich mich recht erinnere war es gleich in der ersten Nacht – Isaak hatte sich an mich geschmiegt und war eingeschlafen. Abraham kam hinzu, sah seinen schlafenden Sohn lange an und kehrte zurück in sein Zelt.

Die beiden Knechte, Abrahams Leibwächter, blieben anfangs etwa dreissig Schritte zurück und frischten Erinnerungen vom vergangenen Erntefest auf. Bald aber verstummte ihr Lachen. Sie schlossen auf und gingen dicht hinter uns her, schweigend.

Am zweiten Tag bemerkte ich sofort: Abraham setzte seine Schritte anders. Schleppend war jetzt sein Gang, schlürfend, so als wolle er jeden Schritt abbremsen. Sein Sohn Isaak dagegen lief leichtfüßig. Er genoss den Zauber der Morgendämmerung, hielt sich jedoch an die schweigende Abmachung.

Am Morgen des dritten Tages stand Abraham noch früher auf als an den beiden vorherigen Tagen, ging einige Schritte hinter das Zelt und blickte zu den Bergen Morias auf. Lange blieb er schweigend dort stehen. Dann wandte er sich um und gab kurze, knappe Befehle an die Knechte: »Bleibt hier bei dem Esel. Ich und der Junge wollen dorthin gehen – er zeigte auf den Berg – und wenn wir angebetet haben, wollen wir zu euch zurückkommen.«

Ja, ich hatte genau zugehört. Zweimal sagte er »wir wollen«. Dann lud Abraham seinem Sohn Isaak das Holz auf, nahm den Kessel mit dem Feuer, steckte das Messer in den Gürtel und so gingen beide los. Ich hätte laut aufschreien können, so bedrohlich kam mir alles vor. Abraham ging – ihr werdet es vermutlich nicht verstehen – er ging wie ein störrischer Esel. Ich weiß ja, was das heißt. Du gehst, weil du gehen musst, nicht, weil du gehen willst. Jeder Schritt kostet dich doppelte Kraft. Immer wieder bleibst du stehen und musst dann alle Kräfte aufwenden, um weiterzugehen. Um es ehrlich zu sagen, ich war froh, dass ich nicht mitgehen musste und ich die beiden bald hinter dem nächsten Hügel verschwinden sah. Allerdings, daran hatte ich im Augenblick nicht gedacht: Immer wenn ich mit den Knechten allein war, trieben sie ihre grausamen Spiele mit mir. Diesmal waren ihre Späße besonders qualvoll. Erst banden sie mir beide Beine zusammen und schlugen dann auf mich ein. Ich versuchte wie ein Pferde wegzuspringen und stürzte nach wenigen Sprüngen auf dem harten Weg. Sie grölten vor Lachen und ihr Gegröle kam als Echo von den Bergen zurück. Oder sie banden mich an einen Baum, schnitzten sich Flöten und pfiffen mir damit in die Ohren. Die grellen Töne schmerzten fürchterlich. Von den anderen Scheußlichkeiten, die sie mit mir trieben, will ich gar nicht reden. Hatte das lange Schweigen auf dem Weg ihre grausame Fantasie so beflügelt? Wie gesagt, sie waren damals unersättlich in ihrer Lust zu quälen.

Ihr könnt euch nicht vorstellen, wie erleichtert ich war, als ich am Abend des dritten Tages Abraham mit seinem Sohn Isaak vom Berg zurückkommen sah. Einen lauten Freudenschrei habe ich ausgestoßen, einen Schrei, den das Echo lange festgehalten hat.

Was auf dem Rückweg geschah? Nichts! Nichts Besonderes! Isaak lief einige Meter vor Abraham her, schaute sich immer wieder ängstlich um, blickte erst auf Abrahams rechte Hand und dann zu dem Berg hinauf. Dann rannte er umso schneller, um die kurze Verzögerung aufzuholen. Auch auf dem Rückweg sprachen sie kein Wort miteinander. Die Knechte blieben in sicherem Abstand hinter Abraham. Sie wussten ja genau, ich konnte sie nicht verraten.

Abrahams Gang war müde. Sehr müde und doch irgendwie erleichtert. Ganz anders als auf dem Hinweg. Ja, es mag merkwürdig erscheinen, mir kam es vor, als wären die Rollen vertauscht: die Unruhe war nicht mehr in Abraham, sondern in Isaak.

Auch Abraham blieb immer wieder stehen, schaute sich zu dem Berg, auf den er mit seinem Sohn gestiegen war, um und sagte dann vor sich hin: »Jahwe iräh = Gott sieht.«

Hatte er Gott gesehen, dort oben auf dem Berg? Hatte Gott ihn gesehen, angesehen? Warum ist Abraham dann so niedergeschlagen, wie ein gebrochener Mann?

Als dann hinter der letzten Wegbiegung die Zelte Abrahams sichtbar wurden, rannte Isaak los. Er rannte wie um sein Leben, fiel Sara, seiner Mutter, die draußen vor dem Zelt Ausschau gehalten hatte, um den Hals und weinte bitterlich.

»Gott sieht«, mehr hatte Abraham zu Hause nicht erzählt. »Gott sieht«, wiederholte er immer wieder, schloss dabei für einige Augenblicke die Augen und öffnete sie wieder, als würde er ein neues Sehen einüben. Auf vielen Wegen habe ich Abraham, meinen Herrn, begleitet. Diesen Weg aber ins Land Moria, ich nenne ihn den langen Weg des Schweigens, werde ich nie vergessen.

III. Neue Lebensräume tun sich auf

Wo Menschen dem lebendigen Gott begegnen, ist nichts mehr todsicher. Steine, die Gräber versiegelten, kommen ins Rollen. Totgeglaubtes Leben erwacht, neue Lebensräume tun sich auf. Menschen begegnen dem auferstandenen Christus und erfahren: Der Horizont weitet sich (15), und in deiner Nähe kann ich wachsen (16). Obwohl ihnen keine ausgesprochen österlichen Texte zu Grunde liegen, erzählen die folgenden Geschichten von Gott, dem Befreier, zu neuem Leben. »Stell dich in die Mitte!«, sagt Jesus zu dem Mann, der seiner Behinderung wegen ausgegrenzt und aus der Gemeinschaft der Frommen ausgeschlossen wurde (17). Seiner Kirche aber macht der auferstandene Christus Mut, neues Land unter den Pflug zu nehmen (18) und sich durch einen Fremden den Weg in die Freiheit zeigen zu lassen (19).

Eine Geschichte für Kinder, aber nicht nur für Kinder, steht am Schluss. Sie ist als Geschichte zum Weiterdenken geschrieben (20).

15. Der Horizont weitet sich

Markus 16, 1-8

Der Sabbat ist um, der Alltag beginnt: aufstehen, einkaufen, planen, den Tag strukturieren ...
Mit der aufgehenden Sonne gehen die drei Frauen am Ostermorgen dem Grab entgegen.
Die Vögel singen und begrüßen den neuen Tag, »alle Knospen springen auf, fangen an zu blühen ...«, überall pulsierendes prickelndes Leben.
Nur in dir ist es nicht! In dir ist es dunkel, trostlos. Du beobachtest die Lerche, die vor dir aufsteigt und du denkst: Die hat es gut. Du riechst den Duft der Mandelblüten und denkst: Ihr könnt den Geruch des Todes nicht vertreiben.
So gehst du mit zum Grab. Möchtest die gestorbene Hoffnung einbalsamieren, wenigstens ihre Haut retten. Luftdicht abschließen.
Ja, du hast geliebt mit ganzem Herzen, ganzer Seele und mit deinem ganzen Gemüt. Du hast das Leben geschmeckt. Du hattest einen Weg gefunden, deinen Weg zum Leben in liebender Fürsorge, in Hingabe und Annahme, in Leidenschaft und Zorn, in Zärtlichkeit und Schmerz. Und nun stehst du vor dem Grab, in dem alles liegt, was dich belebt hat.
Nichts bleibt dir als ein kleines Gefäß voll Salbe, deren Menge bei weitem nicht ausreicht, um die tödlichen Wunden zu schließen.
Aber die aufgehende Sonne bescheint deinen Weg, ohne sie würdest du dich im Labyrinth des Todes verirren. Unterwegs fällt dir der Stein ein. Einen Augenblick tröstest du dich damit, dass ihr ja eine kleine Gruppe seid. Aber bald wird dir klar, der Stein ist zu schwer für euch, unverrückbar, unbeweglich.

91

Merkwürdig, du weißt um die Ausweglosigkeit deines Versuchs an dem früheren Leben anzuknüpfen. Du siehst in Gedanken die Steine, die Barrieren, die davor liegen; aber du gehst weiter, so, als hättest du dort noch etwas Wichtiges zu erledigen. Wer von uns kennt das nicht? Da sitzt du ganz allein in deinem Zimmer und starrst auf die schwarzen Löcher deiner Enttäuschungen, starrst sie an, sodass dir selbst schwarz vor Augen wird. Du gehst mit wachen Sinnen durch die Welt, liest die Zeitung, liest auch die Worte zwischen den Zeilen, und überall entdeckst du Gräber: die Gräber der gefolterten Gewerkschafter in Guatemala; die Gräber der mutigen Frauen, die es wagten, gegen die grausamen Verschleppungen ihrer Männer zu protestieren; die Gräber der Kinder, erstickt unter Spielzeug; die Gräber junger Menschen, eingemauert in einem Hochhaus; die Gräber alter Menschen, zugedeckt mit den Illustrierten der Königshäuser. Du siehst die Tagesschau und hörst von 100'000 Choleraopfern in Peru und von den Tennissiegen der Stars von Weltranglisten.

Wer kennt denn noch die Namen der Opfer? Wer kann sie zählen? Eine Spurensicherung ist unmöglich, weil die Mächtigen den Tod so schnell wie möglich unter Verschluss bringen. Ihre Geheimdienste arbeiten spurenlos. Sie versiegeln ihre Aktenschränke wie Pilatus den Stein vor dem Grab Jesu. Die Zahl der Opfer wird heruntergespielt. Alles ist nicht so schlimm. Du redest dir noch ein, ganz engagiert in der ersten Reihe zu stehen, aber du spürst dabei, wie ganz langsam deine Kraft schwindet und sich das lähmende Gift der Resignation bis in dein Innerstes hineinfrisst. Dazu bist du auch viel zu klug, um nicht zu erkennen, dass auch du deinen Anlagen gemäß verbraucht wirst, um den Leerlauf in Gang zu halten.

Du weißt genau, es bewegt sich nichts mehr. Die Steine, wuchtig und schwer, verschließen die Gräber der Hoffnung.

Doch auch die andere Erfahrung kennst du: das mächtige Gehabe, die harte, unnachgiebige Haltung von Menschen in deiner Nähe, die massive Einschüchterung und Gewalt und dahinter die Leere. Werden deshalb so viele Steine herangerollt, um diese Leere zu verbergen?

Welchen Ehrgeiz hast du eigentlich, die Grabsteine wegzuwälzen, denkst du, und du gehst weiter.

Du reibst dir die Augen, siehst nochmals genau hin und entdeckst, der schwere Stein ist weggerollt, von unsichtbarer Hand verschoben. Gibt es noch andere Mächte als die, die sich so lautstark brüsten und am Tod verdienen?

Die Höhle des Todes, die todsichere Höhle der begrabenen Hoffnungen steht offen.

Du spürst, wie dir die Knie weich werden und greifst nach der Hand neben dir. Erst jetzt spürst du, wie wichtig es war, zu dritt und nicht allein zum Grab zu gehen. Du spürst die Nähe der beiden Freundinnen, ein kurzer Blick genügt. Ihr wisst genau, da müsst ihr hinein, ins Zentrum eurer Enttäuschung, zum Herd eurer Angst. Gemeinsam betretet ihr die Höhle. Eure Augen tasten die Wände, den Boden, den ganzen Raum ab, suchen den letzten Rest eurer großen Hoffnung. Aber nur die Leere gähnt euch an.

Und nun geschieht das Unfassbare, immer wieder erlebt und dennoch nicht zu erklären: Mitten in der Höhle der Angst, der begrabenen Hoffnung hörst du den klaren Ruf: Hier sucht ihr das Leben vergeblich. Kehrt um, kehrt um zum Leben, zu eurem, euch von Gott geschenkten Leben. Der Ursprung ist das Ziel. Eure Hoffnung lebt, aber nicht hier im Grab der Erinnerung. Du siehst und hörst deinen Engel, deinen Boten Gottes. Du kannst dir nicht erklären, woher er kommt. Und wieder packt dich das Entsetzen, du bist zutiefst verunsichert: Ist das alles nur Einbildung? Ein Traum? Eine Vision, eine Ausgeburt einer bitteren Enttäuschung?

Ostern – es beginnt mit dem Entsetzen, mit der tiefen Verunsicherung. Nichts ist mehr todsicher, nicht einmal der Tod selbst. Auch dein Tod nicht. Du bist dir auf einmal nicht so sicher, wo du Leben suchen sollst. Deine Festlegungen beginnen zu wackeln. Du spürst, wie dir Tränen in die Augen schießen und du wieder weinen kannst.

Du merkst, wie es in dir kocht, kommst mit der Glut deiner verschütteten Wut in Berührung und mit deiner Traurigkeit. Dein Blick löst sich aus den Fixierungen. Zitternd suchen deine Augen nach einem neuen Halt. Du greifst um dich nach dem alten Geländer, greifst nach den Krücken und spürst das Zittern in den Beinen, die ohne Krücken stehen, und das Zittern deiner Hände, die das morsche Geländer loslassen. Ostern beginnt mit dem Entsetzen. Du bleibst nicht mehr still sitzen, sondern wagst es aufzustehen. Die alten Beruhigungs- und Beschwichtigungsformeln: »Das darfst du für dich nicht wollen, nicht wünschen …«, riechen nach Verwesung.

Die Buchstaben der großen Parolen, die man dir ins Stammbuch geschrieben hat: »Gib dich zufrieden und sei still! Halt deinen Mund. Lieber den Spatz in der Hand als die Taube auf dem Dach …« – diese Buchstaben beginnen zu tanzen. Du kriegst sie nicht mehr auf die Reihe.

Ja, und dann läufst du Hals über Kopf aus dem leeren Grab, stolperst, fällst auf die Nase, haust dir den Schädel an, aber du weißt genau, die Richtung stimmt. Und das gibt dir den Mut immer wieder aufzustehen.

»Auf nach Galiläa!« Du hörst den Ruf für dich und erlebst Ostern. Galiläa, das ist der Ort ganz früher Erfahrung und Erinnerung. Jener Ort, wo du zum ersten Mal auf eigenen Füßen standest. Du wunderst dich, wie exakt du noch den Ruf in den Ohren hast: Nimm dein Bett, auf dem du festgelegt warst, und geh!

Galiläa, das ist der Ort deiner frühen Erfahrung geschwisterlichen Lebens: Du hörst wieder die Frage:»Warum bist du neidisch, wenn Gott deinem Bruder, deiner Schwester genau so gnädig ist wie dir?« Galiläa, du erinnerst dich an die gemeinsamen Mahlzeiten mit Jesus, der Gott beim Wort nahm und seine Gegenwart mit euch feierte.»Du bist eine Tochter des lebendigen Gottes«, hatte er zu dir gesagt. Erst jetzt erkennst du, dass du eigentlich gar nicht mehr als dies wissen musst, um der Verzweiflung, die dich immer wieder befällt, begegnen zu können. Galiläa, der Ort, an dem nichts gleichgültig war, kein Mensch, kein Wort, keine Stunde. Immer war die Zeit erfüllte Zeit, erfüllt mit Gotteserfahrungen. Alle Dinge und die damit verbundene Sorge um das Haben und Besitzen waren nebensächlich. Gespräche, Begegnungen, gemeinsame Feiern, Tanz, Lachen waren wichtiger als Geld zählen. »Auf nach Galiläa!«, so beschreibt die Ostergeschichte die Rückkehr ins Leben.»Weg von dem Mitleid mit unseren Wunden, die andere und wir selbst uns zugefügt haben.« (H. Adolphsen. Prst. I., 85. S. 20)

In Galiläa, deinem Zuhause, deinem Lebensraum, begegnest du dem Gott, der alles Sein aus dem Nichts ins Dasein ruft. Du hörst seinen Ruf. Er ruft dich mit Namen und indem er dich ruft, löst er die Fixierungen an das Grab deiner Enttäuschungen, deiner toten Hoffnungen. Deine Gedanken füllen sich mit neuen Inhalten. Deine Augen bekommen Perspektive. Der Horizont öffnet sich. Auf der Spurensuche nach dem großen, unbekannten Lebendigmacher entdeckst du die Wegzeugen des gekreuzigten Christus. Und in jedem gequälten, gefolterten, ausgenutzten, erniedrigten Menschen, der dir begegnet, glaubst du IHN wieder zu erkennen.

Du hörst seine Frage:»Wen soll ich losschicken? Wer will mein Bote des Lebens sein?« Mit zitternder Stimme antwortest du:»Hier bin ich, sende mich!« So wie Maria aus Magdala, die erste Apostelin der Weltchristenheit.

Ja, es wird auch Zeiten geben, in denen du dich nach der früheren Grabesruhe sehnst. Du läufst dann zurück nach Pontius Pilatus und lässt den Stein vor dem Grab versiegeln, damit niemand es wagt, ihn nur einen Millimeter zu verrücken, sodass die Leere sichtbar werden könnte.

Aber der, der von sich gesagt hat: »Ich bin gekommen, damit ihr Leben habt, Leben in überfließender Fülle«, der wird dich nicht aus den Augen verlieren. Er wird dir ein neues Erdbeben schicken, sodass dein versiegelter Stein ins Rollen kommt.

Und selbst dann, wenn du nichts mehr halten kannst, wird er, der Auferstandene, dich halten, denn wie sagte er doch: »*Ich lebe, und ihr sollt auch leben.*«

So gehst du deinen Weg, mit deiner Angst, wie Maria aus Magdala. Du weißt, du wirst die Angst nie ganz los, aber sie kann dich nicht mehr lähmen, dein Leben nicht zerstören. Du siehst die Gräber noch ganz deutlich, aber sie haben ihre brennende Faszination verloren. Du spürst, wie die Liebe zum Leben in dir wächst und entdeckst voller Staunen überall ihre Keimlinge.

16. In deiner Nähe kann ich wachsen

1. Korinther 15, 1-10

Ostern, das Fest der Auferstehung, des Lebens. Mein Gott, dachte sie, wie vielen Menschen habe ich schon die Augen für immer geschlossen? Drei Jahre hatte sie als junge Krankenschwester auf Krebsstation mit an Leukämie erkrankten Kindern gearbeitet.

Der Tod zerstört nicht nur die Kranken, sondern auch die Gesunden. Die junge Mutter, die ihr totes Kind nicht loslassen wollte. »Gott, warum nimmst du mir mein Liebstes?«

»Schwester Ursel, der Himmel, von dem Mama mir erzählt hat, ist der weit weg? Manchmal denke ich, sie belügt mich, weil sie mich lieb hat«, hatte der todkranke neunjährige Steve sie gefragt. »Der Himmel ist ganz nah und du wirst bald hineinkommen«, hatte sie ihm geantwortet. Mein Gott, ist nicht vielleicht doch alles eine Lüge, weil wir es alle miteinander nicht aushalten, wenn Kinder sterben?

Ostern, das Fest der Auferstehung.

Heute sollte ihr Enkelkind im Gottesdienst getauft werden.

Und dass er auferstanden ist am dritten Tage nach der Schrift;...und dass er gesehen worden ist von Kephas, danach von den Zwölfen. Warum beschwört Paulus die Zeugen, die den Auferstandenen gesehen haben? Haben sie alle es nicht ausgehalten, dass ER, der es wagte, am Kreuz für seine Feinde zu beten, wie ein aufständischer Sklave am Marterpfahl römischer Macht erstickt ist? Haben sie es nicht ausgehalten, dass ER, der in einer Welt voller Hass die Barmherzigkeit Gottes lebte, dass ER von Pontius Pilatus, dem karrieresüchtigen Sadisten, ermordet wurde? Ja, ist nicht der Sadismus, die Freude am Quälen, die geheime Lust der Welt bis heute? Wer freut sich denn mit dir?

Ostern, ist das nur vollmundiges Reden vom Leben in einer Welt, in der der Tod triumphiert?

Sie sah die Gesichter junger Menschen vor sich: leer, als hätten sie das Leben bereits hinter sich. Und die alten Leute, die die Geschichten der Königshäuser in sich aufnehmen, als hätten sie selbst diese Geschichten noch vor sich.

Und ich selbst?, fragte sie sich. Ich spiele mit den anderen meines Alters die Rolle der sicheren, souveränen, weltoffenen Frau.

Danach ist er gesehen worden von mehr als fünfhundert Brüdern auf einmal, von denen die meisten noch heute leben, einige aber sind entschlafen. Danach ist er gesehen worden von Jakobus, danach von allen Aposteln. (V. 6.7)

Danach, danach, danach ... Lückenlose Beweiskette der Zeugen.

»Danach«, als wäre diese Zeugenkette der Männer, die Visionen von einem Verstorbenen hatten, als wäre diese Kette ein glaubwürdiges Argument!

Danach, danach, danach ... Apropos Männer! Waren nicht auch Frauen am leeren Grab? Hatten die Frauen keine Augen im Kopf? Haben sie IHN nicht gesehen?

Oder verschweigt der Apostel verschämt die Frauen, weil niemand sie ernst nahm?

512 Männer! Alle Achtung! Nur mich überzeugt keiner von ihnen!

Der kleine Markus begann zu schreien. Mein Gott, was hat er davon, dass er getauft wird? Ist er dadurch gegen die rasenden Autos geschützt? Wird er sich nicht mit Aids infizieren?

Aber durch Gottes Gnade bin ich, was ich bin.

Sie schaute ihren geschiedenen Mann an, der aus Höflichkeit mit in die Kirche gekommen war. Er blickte vor sich hin, starrte den Boden an, als wären seine Gedanken weit weg gewandert.

Beziehungslos! Ist das nicht auch eine Form von tot sein? Du stirbst ihn langsam, den schleichenden Massentod der Beziehungslosigkeit. Das innere Alleinsein im Kreis der Familie, sie wäre selbst auch fast daran gestorben.

Sie schaute sich in der Kirche um. Viele saßen allein in der Kirchenbank. Nur vorne bei den Taufgästen war es eng. Ist Berührungsangst eine Vorstufe des Todes?

Aber durch Gottes Gnade bin ich, was ich bin. Merkwürdig! Dieser Satz hatte sich in ihrem Kopf eingenistet. Aber sie konnte ihn nicht trennen von den anderen Stimmen: Was willst du eigentlich noch? Du hast doch alles! Du kannst dir kaufen, was du willst. Deine beiden Kinder sind etwas Rechtes geworden. Du brauchst nicht mehr zu arbeiten.

Nicht mehr arbeiten. Trotzdem war sie eingesperrt wie in einem goldenen Käfig. Frau Direktor wurde sie von der Gemüsefrau genannt. Nein, gesagt hat ihr Mann das nie so deutlich. Aber klar zu verstehen gegeben hatte er es ihr ständig: Was du bist, verdankst du mir! Ja, es stimmte, sie hatte es damals wie eine Befreiung erlebt, aus der Klinik herauszukommen und zu heiraten. Sie fühlte sich der Begegnung mit den sterbenden Kindern nicht mehr gewachsen.

Und dann auf einmal dieser Reichtum, das eigene Haus mit großem Garten und Schwimmbad und über Nacht keine Geldsorgen mehr. Das Geld, es verändert dich. Es verändert dein Wesen. Du erlebst überall, wie Geld Türen öffnet, wo du auch hinkommst. Du hörst auch noch, wie Türen hinter dir ins Schloss fallen, du machst dir darüber aber weiters keine Gedanken.

Du beginnst Lust daraus zu ziehen, dass andere dich beneiden. Du kaufst dir schöne Kleider, freust dich darüber, aber die Freude trägt nicht. Sie ist so flüchtig. Du freust dich mit dem Kopf, aber nicht mit dem Herzen.

Aber durch Gottes Gnade bin ich, was ich bin.

Komisch, das »aber« hatte sie bisher nicht wahrgenommen. Unwillkürlich setzte sie sich aufrechter, als wollte sie diesem »aber« folgen und den anderen Gedanken den Rücken kehren.

»Aber«! Sie hatte sich abgewöhnt, »aber« zu sagen. »Ja, ja«, hatte sie meistens gesagt. *Aber durch Gottes Gnade bin ich, was ich bin.* Stolz spricht aus diesem Satz, dachte sie. Ich bin mir selbst geschenkt, um zu leben. Ich bin, was ich bin, als Geschenk.

Wie doch manches in Erinnerung bleibt: Irgendwann in der Schule hatte sie gelernt – Gottes Name heißt: Ich bin, der ich bin. Ich werde sein, der ich sein werde. Der »ich bin, der ich bin« macht mir Mut zu sein, was ich bin. Sie musste lachen über dieses Wortspiel, sodass sich ihr geschiedener Mann erstaunt zu ihr umdrehte. Ja, dachte sie, das ist es.

Ich bin mir geschenkt, um zu leben.

Ich bin mir geschenkt von dem, der sagt: Ich bin, der ich bin, ich werde sein, der ich sein werde.

Durch Gottes Gnade bin ich, was ich bin, und werde sein, die ich sein werde.

Das ist, dachte sie, wie die Einladung zur Begegnung, zur Begegnung mit deinem Leben, mit deinen Lebensmöglichkeiten.

Merkwürdig, ihr fiel auf einmal wieder ein, was Steve zu ihr gesagt hatte: »Du bist so lieb zu mir, das macht alles leichter.«

Und sie erinnerte sich an ihre Kunstlehrerin: »Ursel«, hatte sie in der 10. Klasse zu ihr gesagt: »Du hast eine intuitive Begabung. Du fühlst und erkennst mehr, als du weißt. Das kommt in deinen Bildern zum Ausdruck.«

Mein Gott, wann habe ich das letzte Bild gemalt? *Aber durch Gottes Gnade bin ich, was ich bin?* Traurig bin ich, unendlich traurig und wütend.

Traurig durch Gottes Gnade, wütend aus Gnade? Ja, sagte sie sich, hinter meiner antrainierten Selbstsicherheit und Gelassenheit steckt viel Traurigkeit und Wut über all die Verbiegungen und Verkrümmungen, die ich an mir geschehen lassen musste, um die Gnade anderer zu gewinnen.

Danke, Gott, deine Gnade verbiegt nicht.

Danke, Gott, du bist der Weg zu meiner Traurigkeit und Wut.

Ostern, dachte sie, als sie aus der Kirche ging, war für mich bisher ein Fest für die Hoffnung nach dem Tod. Aber wenn du heute nicht lebst, bist du ja schon tot vor deinem Tod. Vielleicht kann ein Mensch Ostern gar nicht verstehen und begreifen. Ostern kannst du nur leben. Was hatte doch Steve vier Tage vor seinem Tod gesagt? »Wenn ich im Himmel bin, begleite ich dich, damit du nicht den Mut verlierst, bei Menschen wie mir zu bleiben.« War Steve doch nicht tot? Sie spürte, wie sich in ihre Traurigkeit und Wut eine Ahnung von Freiheit und großer Kraft mischte. Ostern, dachte sie, das Leben liegt vor dir, nicht hinter dir.

»Jetzt gibt es ein Foto mit Oma«, rief ihre Tochter und legte ihr den kleinen Markus in die Arme. »Ja, guck mich nur an, ich bin deine Oma.« Ursel schüttelte den Kopf. Ostern, dachte sie und schämte sich dabei vor sich selbst, Ostern kann nicht nur heißen, das Leben liegt vor mir, es muss auch heißen: Das Leben liegt vor uns. Aber wie wird die Welt aussehen, wenn du groß bist? Wird es dann noch Schmetterlinge geben? Wir müssen um deinetwillen den zerstörerischen Mächten Einhalt gebieten. Ostern als eine Widerstandsbewegung?

Sie spürte, wie der Blick ihres geschiedenen Mannes sie traf. Mein Gott, dachte sie, hat dich die Macht des Geldes so ausgehöhlt? Ist die Macht des Geldes eine Schwester des Todes?

»Wir könnten, wenn wir wollten, nur von unseren Zinsen leben«, hatte ihr Mann vor Jahren zu ihr gesagt. Wer bezahlt eigentlich die Zinsen der Reichen? Sie war irritiert, dass plötzlich solche Fragen in ihr hochstiegen, und versuchte ihre Gedanken zu ordnen.

»Ich werde versuchen«, sagte Ursel zu ihrem kleinen Enkelsohn, »ich werde versuchen, nicht mehr auf Kosten anderer Menschen, erst recht nicht auf deine Kosten zu leben. Ich möchte so leben, dass Menschen in meiner Nähe wachsen können, dass du wachsen kannst. Österlich«, flüsterte sie und legte Markus zurück in die Arme seiner Mutter.

17. Jeden siebten Korb verschenke ich

Markus 3, 1-6

Ja, endlich hatte ich Zeit für das, was ich schon immer tun wollte. Zeit in alten Schriften zu schmökern, besonders in Geschichtsbüchern, und Zeit Reisen zu machen. Reisen quer durch unser großes römisches Reich, das damals von Spanien bis nach Indien, von Germanien bis Nordafrika reichte. Nicht wenig erstaunt und fasziniert war ich, als ich eines Tages eine in griechischer Schrift verfasste Buchrolle in die Hände bekam, die einem gewissen Lukas zugeschrieben wurde. Sie trug als Titel das griechische Wort *euangelion*, d. h. Gute Nachricht. Ich rollte sie auf und fand gleich auf der dritten Seite den Namen meines Vaters. Allerdings in verkürzter Form: »Als Quirinius Stadthalter in Syrien war«, las ich. Mit vollem Namen hieß mein Vater: Publius Sulpicius Quirinius. Beim Lesen der Schriftrolle tauchten wie aus Geheimarchiven frühere Kindheitserinnerungen in mir auf. Die ersten 14 Jahre habe ich nämlich im Raum Syrien, zu dem damals auch das Land Israel gehörte, verbracht. Klar in Erinnerung geblieben sind mir vor allem die besonders schönen und die traurigen Erlebnisse:
Die erste Freundschaft mit Nathanael, dem Jungen vom See Tiberias. Meine erste Liebe zu Hanna, der Tochter des Rabbi sowie der Tod von Onkel Claudius. Am schlimmsten ist mir unser Umzug nach Rom in Erinnerung. Ich habe lange gebraucht, um mich in der riesigen Stadt wohlzufühlen. Zu groß war meine Sehnsucht zurück nach Tiberias am See in Galiläa, nach Cäsarea, der Stadt am Meer, nach Hanna. Nein, von der Arbeit meines Vaters habe ich damals wenig mitbekommen. Ich spürte nur, wir waren und blieben Fremde im Land. Ich habe auch nie verstanden, warum Nathanael eines Tages nicht mehr mit mir spielen durfte und warum die Liebe zu Hanna für uns beide verboten

sein sollte. Heute weiß ich, dass mein Vater damals, als Beamter des Kaisers dafür zu sorgen hatte, dass alle Menschen nach ihrem Land- und Geldbesitz eingeschätzt wurden, damit dementsprechend ihre Steuerschuld berechnet werden konnte.

Census nannte mein Vater die Steuererhebung. Ich kann mich noch gut erinnern: Wochenlang wurde bei uns zu Hause von nichts anderem gesprochen. Mit der Schätzung aber fing die eigentliche Arbeit erst an. Mein Vater war dafür verantwortlich, dass die Steuern auch einge- trieben wurden. Eine Arbeit, die ihn noch unbeliebter machte.

Nein, ich habe damals das kleine Buch des Lukas nicht zu Ende gele- sen. Ich hatte große Schwierigkeiten den Text zu verstehen, schon der fremden Sprache wegen. Aber den Anfang, das Kapitel mit dem Na- men meines Vaters, las ich immer wieder. Und dann, dann stand eines Tages mein Plan fest, zurückzukehren ins Land meiner Kindheit und nachzuforschen, was aus dem Kind geworden war, aus Jesus, der et- wa zehn Jahre vor mir geboren worden war.

Ich fuhr bald darauf los. Zuerst nach Bethlehem: Niemand wusste dort von Jesus und seinen Eltern. Die alten Leute konnten sich nur spärlich an die Steuerschätzung erinnern. Enttäuscht fuhr ich weiter nach Na- zareth: Ja, ein gewisser Joseph habe hier im Tagelohn als Zimmermann gearbeitet. Einer seiner Söhne sei von den Römern gekreuzigt worden. In Jerusalem gebe es noch ein paar Anhänger von ihm, die sich, wie man hörte, in geheimen Zirkeln treffen würden.

Von meinen Landsleuten gekreuzigt? War Jesus ein Zelot, einer der Partisanen, die Onkel Claudius, den Hauptmann von Tiberias, auf dem Gewissen hatten?

Ohne Grund, das war meine feste Überzeugung, wird von unserer Re- gierung niemand gekreuzigt. Hat Lukas die dunklen Seiten im Leben dieses Jesus verschwiegen? Enttäuscht fuhr ich zurück nach Tiberias, meinem Geburtsort, mietete mich im Gasthaus zum Lamm ein und bereitete meine Rückreise vor. Am letzten Abend vor meiner Abfahrt machte ich noch einmal jenen Uferspaziergang am See entlang. Da kam am Stadtrand von Tiberias ein Korbflechter auf mich zu und schenkte mir den soeben fertig geflochtenen Korb. »Hier«, sagte er, »jeden siebten Korb verschenke ich. Sammle darin, was du erntest und vergiss nicht Gott zu danken.« Ich war sprachlos: »Mir, dem Römer, schenkst du einen so schönen Korb?« Viele Leute waren an jenem lauen Frühlingsabend unterwegs. Im Nu hatte sich ein Halbkreis um uns gebildet. Einer spuckte verächtlich vor mir auf den Boden und wandte sich ab. Benjamin, der Korbflechter, spürte meine Betroffenheit und zog mich in seine Werkstatt. An der Tür hing – aus Weiden kunstvoll geflochten – ein Fisch. Merkwürdig, dachte ich, er ist doch kein Fischer. Erst später erfuhr ich, der Fisch war das geheime Erkennungszeichen der Christen. Das griechische Wort für Fisch *Ichtus* beginnt mit dem Buchstaben J wie Jesus, und Ch wie Christus. Neben dem Fisch, ebenfalls aus Weiden geflochten, der Name Benjamin. Fisch und Name waren ein Bekenntnis: Ich, Benjamin, bin ein Christ.

Die Werkstatt wirkte auf mich sehr aufgeräumt. Wir setzten uns auf die Bank. Benjamin legte seine breiten Hände auf den Tisch, die Finger waren in ständiger Bewegung. Er lachte: »Guck mal, wie flink und geschickt die sind!« Mit Daumen und Fingern der rechten Hand trommelte er auf die Tischplatte, nahm dann sieben Weidenstecken und flocht daraus den Boden für einen neuen Korb. Ich staunte über seine Fingerfertigkeit und begann von mir zu erzählen. Vom Zweck meiner Reise, meiner tiefen Enttäuschung ... Er nickte, schob geschickt mit dem Daumen die Weiden um die langen Ruten und hörte dann genauso plötzlich, wie er begonnen hatte, mit dem Flechten auf. Er sah mich mit großen Augen an und sagte: »Das war nicht immer so!« Zärtlich strich er über seine rechte Hand: »Sie war lange gelähmt, ohne Kraft, so eine Art Muskelschwund. Versuch mal mit einer Hand einen Korb zu flechten oder deine Sandalen zu schnüren, es ist unmöglich! Ich war jeden Tag auf die Hilfe anderer Menschen angewiesen und lebte zuletzt als Bettler. Das schlimmste ist die herablassende Hilfe der Frommen. Ihre Hände berühren dich, aber in ihrem Herzen verachten sie dich. Bei den Straßenkindern, den Huren, den Krüppeln habe ich Wärme und Ansehen gefunden. Die sogenannten Gottlosen sind oft herzlicher und liebevoller als die Frommen.«

»Und«, versuchte ich ihn zu unterbrechen: »Und jener Jesus, er gehörte doch auch zu den Frommen? Erzähl mir von ihm. Wie es mit ihm angefangen hat.«

Benjamin lächelte. Er schien meine Frage überhört zu haben und erzählte einfach weiter:

»Es war an meinem 22. Geburtstag. Er fiel auf einen Sabbat. Ich beschloss, ein letztes Mal in die Synagoge zu gehen. ›Heute‹, so betete ich ganz hinten im Vorhof, wo die Kranken bleiben müssen, ›heute verabschiede ich mich von dir, du launischer Gott. In der Gesellschaft deiner Anhänger friert es mich. Ich suche mir Freundschaft, draußen bei den anderen. Zugleich verspreche ich dir, ab heute nicht mehr die Schwelle deines Hauses zu betreten und es auch nicht mehr, wie deine Diener sagen, mit meiner verkrüppelten Hand zu verunreinigen. Ich hoffe allerdings und wünsche es mir, dass du, dunkler Gott, den unsere Väter für mich unverständlich, den Barmherzigen nennen, dass du nicht nur in diesen heiligen Mauern zu Hause bist. In den Erdlöchern der Armen, in den Bretterbuden der Viehhüter, unter den Brücken der Römer, überall werde ich nach dir Ausschau halten und dich suchen, geheimnisvoller Gott. Ich hoffe, du lässt dich hier nicht einsperren!‹

Gerade wollte ich mich umdrehen und gehen, da kam er auf mich zu. Ich kannte ihn, den Sohn Josephs und Marias aus Nazareth, nur vom Hörensagen.

Er fasste mich vorsichtig am Arm, sodass ich die verkrümmte Hand aus ihrem Versteck unter dem Mantel hervorziehen musste. Ein Getuschel und Raunen ging durch die Synagoge. Die am Rand stehenden Menschen reckten die Hälse. ›Stell dich in die Mitte!‹, sagte er zu mir. Ich erschrak, spürte, wie meine Beine, mein ganzer Körper zu zittern begannen. Will er dich an den Pranger stellen, dich ihnen als abschreckendes Beispiel vorstellen? Auf einmal, ich weiß nicht, ob du das kennst, auf einmal fiel mir der Rat meines Vaters ein: Schau den Menschen in die Augen, solange, bis du in ihnen gelesen hast, ob sie dich achten oder verachten.

So erhob ich langsam meinen Blick vom Boden und schaute Jesus, dem Mann aus Nazareth, in die Augen. Er wich meinem Blick nicht aus. Er hielt ihm stand. Ich las in seinen Augen: Hab keine Angst. Es wird alles gut! Und, ich kann es bis heute noch nicht begreifen, ich hatte das irre Gefühl, im Mittelpunkt zu stehen: Du bist für ihn die Mitte!«

Benjamin, der alte Korbflechter, kämpfte mit den Tränen. Er schwieg und streichelte immer wieder seine rechte Hand. Dann holte er tief Luft, schüttelte langsam den Kopf und fügte leise hinzu:
»Auf die Frage, ob Gott es erlaubt hätte, am Sabbat zu heilen, fielen sie in eisiges Schweigen. Wir beide, Jesus und ich, stehen ganz allein hier, dachte ich plötzlich. Er aber schaute jeden der Reihe nach zornig an. Keiner erwiderte seinen Blick. Er schluckte ein paar Mal, schluckte die Tränen hinunter und sagte zu mir: ›Strecke sie aus, deine Hand!‹ Langsam, ganz langsam hab ich meinen Arm ausgestreckt, Jesus die Hand auf die Schulter gelegt, sein Gewand berührt, seine Wärme gespürt. Festgekrallt habe ich mich an seiner Schulter, ihn dann mit beiden Händen umarmt. Er atmete erleichtert auf, ich hatte wohl ein bisschen zu fest gedrückt. Die Umstehenden bildeten eine Gasse, die Gas-

se der versteinerten Gesichter, ich ging hindurch, drehte mich am Ende nochmals zu ihm um und winkte ihm mit meiner gesunden Hand. Seitdem flechte ich Körbe, und wenn der siebente Korb fertig ist, verschenke ich ihn an den, der gerade an meiner Werkstatt vorbeikommt, so wie dir.«

Benjamin stand auf und legte mir die Hand auf die Schulter: »Ich weiß nicht, ob ich dir weitergeholfen habe, mit der Frage nach dem Anfang. So jedenfalls hat es mit mir angefangen.« Benjamin lachte. »Du bist ein Römer und verstehst doch unsere Sprache, du wirst wissen, mein Name ist wie eine Verheißung: Benjamin, Sohn der rechten Hand.«

Ich bin nicht sicher, aber ich nehme doch an, Benjamin hat mich verstanden, als ich mich beim Abschied sehr herzlich bedankte und ihm sagte, er hätte mir wie ein guter Hirte den Weg zur Krippe gezeigt.

Was bleibt noch zu sagen? Ich bin durch die Begegnung mit Benjamin Christ geworden. Aber Zeit meines Lebens hat mich die Frage umgetrieben: Warum hat mein Vater, jener Quirinius, nicht den Weg zur Krippe gefunden? Ob mein Vater ihm einmal begegnet ist, dem Jesus? Bei seinem Tod am Kreuz, das habe ich mir ausgerechnet, da lebte mein Vater als alter Mann in Rom. Pontius Pilatus war damals sein zweiter Nachfolger. Jener Pontius Pilatus, der eine ganze Straße mit gekreuzigten Menschen säumen ließ. Nachdem ich von diesem grausamen Despot gelesen habe, ist mein Glaube an die institia romana, die vielgepriesene römische Gerechtigkeit, wie ein Kartenhaus in sich zusammengefallen. Mir wurde immer klarer: Jesus aus Nazareth war kein Partisane. Er hat nicht andere getötet, um seine Ziele durchzusetzen. Bei seiner Gefangennahme hat er seinen Freunden verboten, ihn mit dem Schwert zu verteidigen.

Er, das hat Lukas im zweiten Kapitel seiner »Guten Nachricht« schön erzählt: Er, Jesus hat die Armen, die Hirten in seine Nähe gerufen.

Und die Suchenden, diejenigen, die sich mit oberflächlichen Antworten nicht zufrieden geben, wie damals die Weisen aus dem fernen Osten. Überhaupt, das habe ich erst sehr spät erkannt: In seinem Glauben an den barmherzigen Gott stand immer der Mensch im Mittelpunkt. Die Antwort auf die Frage, wer dieser Jesus ist, gibt Lukas bereits zu Anfang seines Buches: Er kommt von Gott und ruft Menschen in Gottes Nähe, so wie dich und mich.

18. Nehmt neues, wildes Land unter den Pflug

Hosea 10, 12

Sie mühten sich redlich ab auf den steinigen Feldern. Die Hecken waren längst abgeholzt, die Feldraine begradigt und auch die verwinkelten Ecken unter den Pflug genommen. Flächendecker, so werden sie von einigen liebevoll spöttisch genannt.

Aber die Ernten fielen immer spärlicher aus. Der Boden war ausgelaugt. Erdflöhe und Kellerasseln waren resistent gegen Insektizide und Pestizide. Sie zerfraßen die frischen Keime, zahlreiche Wühlmäuse besorgten den Rest. Die Umweltbedingungen waren für alle gleich. Alle waren sie von der Großwetterlage abhängig. Und auch das einte sie – sie reagierten. Allerdings ganz verschieden. Mit verklärter Verbissenheit, mit noch größerem Einsatz an Kunstdünger und Gift arbeiteten die einen, mit Leidensmiene und Resignation die anderen. Sie arbeiteten nur noch das Nötigste auf den Feldern, züchteten dafür aber mit zärtlicher Liebe exotische Früchte für den Eigenbedarf im Hobbygarten. Eine dritte, zahlenmäßig kleine Gruppe hatte sich zu leistungsstarken Managern von Großbetrieben, sogenannten Agrarfabriken, emporgearbeitet. Voller Stolz stellten sie ihren vollautomatisierten Betrieb vor. Unter Glockengeläut boten die Flächendecker am Sonntagmorgen ihre Feldfrüchte feil. Das öffentliche Interesse aber war schwach. Niemand drängte sich an ihren Tischen. Großblättriger Salat, giftgrüne Gurken, knallrote Tomaten lockten das Auge. Die treuen, ein wenig angekränkelten Marktbesucher aber wussten längst, dass der Schein trog. Das Gebotene schmeckte fad und ohne Würze.

Ein paar der ewigen Wiederkäuer füllen gierig ihre Taschen mit Früchten, die zwar nicht satt machten, beim Wiederkäuen aber immerhin ein Gefühl der Sättigung vermittelten.

Nur weiter hinten in den Marktnischen drängten sich die Leute. Sie löffelten genüsslich einen Vitalbrei – wie es im »Wassermannprospekt« hieß – aus Wasser, Kraut und Rüben mit Fischmehl gemischt, gewürzt mit Galle und Honig. Ein kleines R auf dem Etikett verriet, dass es sich um ein angemeldetes Patent und um eine religiöse Speise handelte. Die Leute löffelten den Brei, ihre Augen glänzten. Um zu zeigen, wie gut gemeinsames Essen tat, fassten sie sich an den Händen. Einige schlangen die Breigläser dutzendweise hinunter. Andere probierten heimlich und versteckten das bei den Flächendeckern gekaufte Gemüse verschämt zwischen ihren Beinen.

Schon lange waren die Nischenstände den traditionellen Bauern ein Dorn im Auge.

Auf Schloss Hohenblick, weitab von Stallgeruch und Erdflöhen, tagt deswegen ihre Führungsspitze, um in Antithese zu den Marktnischen ein Gestaltungs- und Gemüseaufbauprogramm zu entwerfen. Am Ende der mehrtägigen Versammlung liefen die Drucker heiß. Ein neues umfangreiches Papier mit vielen detaillierten Vorschlägen zum Anbau, Ausbau und Umbau von Gemüse wurde an die Kleinbauern vor Ort geschickt, um – wie inzwischen auch jeder weiß – dort wiederum die Aktenschränke zu füllen.

Eine kleingedruckte Beilage warb – noch ein wenig verstohlen – für Hybridsorten mit besonderem Wachstums-Charisma aus dem Hamburger Institut für gnadenreiche Ernteerträge.

Auch die diesjährige Versammlung schien wieder genauso zu verlaufen. Doch am dritten Tag entstand Unruhe. Ein Fremder hatte sich eingemischt. Mitten in der Grundsatzdebatte über neue Spritzmethoden gegen Grünkäfer und rote Spinnen, als gerade das Immunisierungsprogramm gegen New-Age-Hormone vorgestellt werden sollte, stand der Fremde auf und schrie voller Zorn: »Niru lachäm nir daat.« Dabei wischte er mit einer knappen Handbewegung die Papierstapel vom Tisch. Betretenes Schweigen. Einer rätselte: Nirvana oder so was Fernöstliches. Der Fremde wiederholte seinen Spruch, merkte aber, dass seine Sprache nicht mehr verstanden wurde. Er schrieb seinen kurzen Spruch an die Wand. Einige räusperten sich empört. »Terroristengeschmier«, flüsterte einer.

»Das ist Hebräisch«, rief die einzige Frau in der erlauchten Männerrunde. Ein Aufatmen!

Mit Hilfe des Gesenius war der Text schnell entziffert: *»Brechet euch einen Neubruch der Erkenntnis, indem ihr den Herrn sucht.«*

Die Gesichter entspannten sich. Gott sei Dank kein Menetekel … Einer war nun ganz zutraulich: »Lieber Mann, was meinst du, was wir tagtäglich tun? Wir wühlen und schaffen bis in alle Nächte hinein.« Er zeigte ihm seine Hände, die wie Schaufeln wirken, wie Schaufeln, die ständig Schutt wegräumen. Der Fremde schüttelte den Kopf.

»Nein«, sagte er, »ihr bleibt auf euren Pfründen sitzen. Ihr verteidigt verbissen den Status quo, hofiert dem begüterten Mittelstand und bleibt schließlich in Sachzwängen und Terminkalendern stecken oder ersauft in der Papierflut. Aber die Menschen draußen warten vergeblich auf euch. Brecht einen Neubruch, nehmt neues, wildes Land unter den Pflug oder erinnert euch an das vergessene Land, auf dem Gras und Dornen wachsen.«

Nun meldete sich einer der Oberräte zu Wort.

Seine Stimme war etwas gereizt, hatte aber immer noch den salbungsvoll-väterlichen Ton:

»Lieber Freund«, sagte er, »du bist fremd hier, das ist ja keine Schande, versteh mich recht, aber weißt du, hier bei uns ist alles ziemlich festgefahren, ich meine, das Neuland ist verdammt hart. Du kommst nicht mehr durch mit dem Pflug. Ein paar Irre haben mit Bomben versucht, das Land aufzubrechen. Auch von uns haben einige wenige noch nicht aufgegeben. Aber so sagen sie selbst: Wir kratzen höchstens die Krusten der festgefügten Strukturen an.«

Wieder schüttelte der Fremde den Kopf. Nun stieg der Oberrat von seinem Podest und ging auf ihn zu. »Wir leben in einer Kultur der Gefühllosigkeit, der Ablenkung, der Ellenbogenstärke, der Verharmlosung und Verdummung! Wo willst du da was aufbrechen?«

»Wenn der Boden so festgetreten ist, muss er von innen gelockert werden, sodass Luft und Sauerstoff reinkommt und damit etwas wachsen kann.« »Wie die Regenwürmer«, ruft die Frau dazwischen und löste ein befreiendes Lachen aus. »Ja, wie die Regenwürmer«, wiederholte der Fremde. »›Wir sind des lieben Gottes Regenwürmer‹ (Marie Veit), die den Boden lockern, damit Menschen in ihren Betonwüsten Luft bekommen. Die Regenwürmer bohren Luftkanäle durch den Boden, dadurch kommt Sauerstoff hinein. Zugleich durchsetzen sie die Erde mit Wachstumsfermenten. Oder in eurer Sprache: ›Aufbrechen statt zupflastern, vertrauen statt absichern, befreien statt belasten.‹«

»Alles schön und gut«, rief einer dazwischen, »aber sagt uns doch, wo sollen wir anfangen mit dem Neubruch?«

Der Fremde lächelte:

»Da, wo das Gras am höchsten wächst, auf dem Feld eurer jüngsten Geschichte. Das Blut der Juden, Polen, Russen, Kommunisten, Demokraten, Sozialdemokraten, Homosexuellen, der Roma und Sinti sowie der Behinderten schreit aus der Erde. Es schreit durch das Gras hindurch!

Ich weiß nicht einmal«, sagte er leise, »ob ihr noch durchkommt. Aber versucht es. Es lohnt sich die Vergangenheit aufzubrechen, denn in ihr liegt viel Zukunft.« Er blickte auf die Uhr, drehte sich hastig um, als sei er schon zu lange geblieben und ging.

»Fangt an«, rief er noch im Gehen, »erzählt eure Geschichte, eure Geschichte mit Gott. Erzählt die Geschichte eurer Hoffnung und achtet darauf, dass eure Hoffnung nicht zu kurz greift, denn Gott möchte, dass allen Menschen geholfen werde und sie zur Erkenntnis der Wahrheit kommen.«

Später entdeckte einer der Räte im Stammbuch von Schloss Hohenblick die Inschrift: *Brechet euch einen Neubruch der Erkenntnis, indem ihr den Herrn sucht, auf dass er komme und euch Heil regnen lasse.* (Hosea 10, 12)

Bei dem Wort »sucht« war ein Stern angebracht. Weiter unten fand sich neben dem Stern die Anmerkung: »Aber hütet euch davor, uns die Bibel zu enteignen und die Gottessohnschaft abzusprechen.«

19. Der Fremde zeigte uns den Weg in die Freiheit

Apostelgeschichte 9, 1-20

In der Geschichte, die Lukas aufgeschrieben hat, nehme ich nur eine Nebenrolle ein. Es fällt mir auch schwer zu sagen, dass ich diese Geschichte als meine Geschichte, als die Geschichte meiner Bekehrung verstehe. Ich möchte sie Ihnen erzählen:

Unsere Gemeinde in Damaskus war damals noch klein. Wir waren etwa vierzig Christen. Sieben Familien und einige alleinstehende Frauen. Unsere Gottesdienste hielten wir heimlich ab, reihum in den Häusern. Gesungen haben wir ganz leise. Christsein war gefährlich, lebensgefährlich! Wir waren eine arme Gemeinde. Die meisten von uns waren Flüchtlinge aus Jerusalem. In Jerusalem wurden Christen schwer verfolgt. So sind einige zu uns nach Damaskus gekommen, sie hatten nichts als ihr Leben und ihren Glauben gerettet. Immer wieder erzählten sie von Stephanus, er starb unter dem Steinhagel seiner Verfolger. Er hätte sein Leben retten können. Er hätte nur seinen Glauben an Christus aufzugeben brauchen. Aber er war überzeugt: Christus lebt. Und er hat wie Christus für seine Mörder gebetet.

Von Freunden hatte ich erfahren, die Christenverfolgung solle nun über Jerusalem hinaus auch auf Damaskus ausgedehnt werden. In diesem Zusammenhang wurde immer wieder von einem gewissen Saulus gesprochen. Im letzten Gottesdienst waren alle sehr bedrückt. Saul sei auf dem Weg nach Damaskus, so wollten es einige aus zuverlässiger Quelle erfahren haben. Er habe sogar eine Vollmacht, Christen in Damaskus aufzuspüren, gefangen zu nehmen und sie nach Jerusalem zu überführen. Dort sollte ihnen der Prozess gemacht werden.

Wir dachten an unseren Herrn, wie es ihm ergangen war. Plötzlich wurde uns eins seiner Worte sehr lebendig: *»Der Knecht ist nicht größer als sein Herr. Haben sie mich verfolgt, so werden sie euch auch verfolgen!«*

Einige von uns weinten und sagten, sie hätten es satt immer gejagt zu werden.

Am Sonntag darauf war unsere Gemeinde auf 27 Leute zusammengeschrumpft. Zwei hatten sich krank gemeldet. Die anderen hatten vermutlich Angst bekommen.

Am schlimmsten aber war die Unsicherheit: Keiner wusste, wann Saul hier eintreffen würde. Übrigens soll Saul bei der Steinigung des Stephanus dabei gewesen sein. Wir lebten damals wie gesagt sehr gefährlich. Zwar hatten wir mit den meisten Nachbarn ein gutes Verhältnis, aber wir mussten doch damit rechnen, dass sie uns für Geld verraten würden. Sie wussten nämlich aus den Gesprächen mit uns, dass wir Christen waren.

Kurz: Die Stimmung war sehr gedrückt.

Ich selbst, Gott sei es geklagt, war nicht gerade stark im Glauben. Ich habe oft mit dem Gedanken gespielt einfach wegzubleiben.

In jenen Tagen erlebte ich eine der schwersten Krisen und, wie ich rückblickend sagen muss, meine entscheidendste Begegnung mit dem Auferstandenen. Davon will ich jetzt erzählen.

Mein Name? Sie wissen ihn sicher schon: Hananias, Hananias von Damaskus.

Ich weiß nicht einmal mehr, ob es Tag oder Nacht war. Jedenfalls hatte ich eine Vision. Oder, wenn Sie so wollen, einen Tag- bzw. Nachttraum. Ich war schweißgebadet, als ich wieder zu mir kam. Meine

Frau behauptete, ich hätte laut vor mich hin gesprochen. Ich hörte plötzlich, wie jemand meinen Namen rief und glaubte, es sei der Herr. »Hier bin ich, Herr!«, habe ich geantwortet. Darauf sprach die Stimme: »Steh auf und geh in die ›Gerade Gasse‹ zum Haus des Simon und frag dort nach einem Saul von Tarsus. Er betet gerade und wartet auf dich. Er ist blind, und du sollst ihm die Hände auflegen, damit er wieder sieht.«

Ich dachte, mich trifft der Schlag. Es kann schon sein, dass ich – wie meine Frau sagt – dreimal Nein geschrien habe. Ich weiß nur, dass ich mich gewehrt habe: »Herr«, habe ich gesagt, »ich kenne den Mann, von dem du sprichst. Er ist ein Christenverfolger. In Jerusalem hat er schon einige zur Strecke gebracht. Er ist ein Heuchler! Schau mal nach! In seiner Brieftasche steckt die Vollmacht, hier in Damaskus Christen zu fangen und nach Jerusalem zu verschleppen. Lass dich von dem nicht täuschen!«

Aber die Stimme blieb dabei: »Geh hin!«

Was sie dann noch sagte, habe ich eigentlich erst viel später verstanden: »Saul«, sagte die Stimme noch, »Saul ist mein Werkzeug. Er soll meine Botschaft zu den Heiden, zu den Königen und zum Volk Israel bringen. Ich will ihm zeigen, wie viel er für mich leiden muss.«

Ich habe, wie gesagt, diese Sätze erst viel später ganz verstanden.

Ich weiß auch nicht mehr, wie es dazu kam, aber ich bin losgegangen. Ich habe das Haus des Simon tatsächlich gefunden und auch Saul dort angetroffen. Als ich vor ihm stand und in seine leeren Augen sah, wurde mir bewusst, dass er blind ist. Das hat mich beruhigt. Er kann mich ja nicht erkennen, dachte ich.

Als ich ihm sagte: »Jesus hat mich zu dir geschickt!«, und ich ihm die Hand auflegte, konnte er plötzlich wieder sehen. Ich bin vielleicht erschrocken! Er muss das gespürt haben, denn er versuchte mich zu beruhigen: »Hananias«, sagte er, »du brauchst vor mir keine Angst zu haben! Auf dem Weg hierher ist mir Jesus begegnet. Ich möchte jetzt auf seinen Namen getauft werden und dann etwas essen. Ich habe seit drei Tagen nichts mehr gegessen!« Merkwürdig, dachte ich. Erst taufen, dann essen, bei dem Hunger!

Ja, ich habe ihn dann getauft. Aber wer nun aufatmet und denkt Happyend, der irrt sich gewaltig. Die eigentliche Aufregung und Unruhe kam erst noch. Lukas deutet das an in seinem Schlusssatz, wenn er schreibt: *Saulus blieb aber einige Tage bei den Jüngern in Damaskus. Und alsbald predigte er in den Synagogen von Jesus, dass dieser Gottes Sohn sei.*
Zuerst muss ich noch sagen: Lukas hat hier in seinen Schriften einiges übersprungen. Ich denke nur daran, als ich Saul zum ersten Mal mit in den Gottesdienst brachte, und er sich vorstellte als Saul von Tarsus. Dass er nun ihr Bruder sei, haben ihm die wenigsten geglaubt. Nach dem Gottesdienst habe ich viel zu hören gekriegt: Wie ich es wagen könne, diesen Spitzel hier einzuschleusen. Der wolle sich doch nur einschleichen, um die Gemeinden auszuspionieren. Wie ich nur so gutgläubig sein könne … Manche drohten: »Wenn *der* nächsten Sonntag wiederkommt, bleiben wir weg.«
Aber Lukas schreibt ganz richtig auf: Saul blieb einige Zeit bei uns. Ein paar treue Gemeindemitglieder sind damals längere Zeit nicht mehr zum Gottesdienst gekommen.

Ich weiß nicht mehr, wie lange es dauerte, bis ihn alle als Mitchristen akzeptierten. Jedenfalls glaubten ihm die meisten erst dann, als er sich in der Synagoge öffentlich zu Jesus von Nazareth als dem Sohn Gottes bekannte und hinzufügte, er sei selbst getauft und gehöre zur christlichen Gemeinde. Daraufhin ist er von der jüdischen Gemeinde hart angegriffen worden.

Seit Saul zu unserer Gemeinde gehörte, vollzog sich eine wichtige Veränderung: Es wich die Angst, uns als Christen zu bekennen. Wir spürten, wer keine Angst hat, wird gehört. Der Mut des Paulus steckte an. Und noch etwas wurde uns an Paulus deutlich: Überall darf mit dem Stärkeren gerechnet werden. Auch bei den schlimmsten Christenverfolgern ist Jesus am Werk. Auch in der größten Krise ist ER da.

Aber ich will nicht verschweigen, dass es immer noch keine Ruhe in der Gemeinde gab, obwohl Saul von allen als Mitchrist akzeptiert wurde. Bald kam es zu ersten Auseinandersetzungen und kritischen Fragen:
Saulus behauptete von sich, er sei ein Apostel. Es gäbe aber doch in Wahrheit nur 12 Apostel, die 11 Jünger und der zugewählte Matthias. Wer eigentlich den Saulus zum Apostel ernannt habe? So fragten einige.
Saulus predige die Christusbotschaft auch den Heiden. Wer ihm dazu das Recht gäbe. Die Apostel seien nur zum Hause Israel geschickt. So habe es Jesus gesagt. Saulus aber sagte, das Evangelium gelte allen Menschen. Und schließlich: Saul habe behauptet, um Christ zu sein, müsse man nicht das ganze Gesetz des Mose halten. Ja, Christus habe uns vom Gesetz befreit. Wohin das führen könne, solche gefährlichen Neuerungen zu predigen! Es müsse doch ernsthaft gefragt werden, ob Saul noch auf dem Boden der Schrift stehe. Es gab sogar Stimmen, die von ihm als einem Irrlehrer und selbsternannten Apostel sprachen.

Ich brauche wohl nicht zu schildern, wie tief damals die Krise in unserer Gemeinde war. Wie viel Angst und Misstrauen abgebaut werden mussten. Schließlich waren wir damals alle Judenchristen, d. h. wir hielten streng das Gesetz. Wir feierten noch immer den Sabbat. Wir mieden jeden Kontakt mit Heiden. Wir konnten uns einfach nicht vorstellen, dass Gott auch aus anderen Völkern Menschen zu seinen Kindern beruft. Wir glaubten, nur ein Jude kann Christ werden.

Saulus war für unsere Gemeinde eine große Herausforderung. Aber wir haben uns ihr gestellt.

Wir wurden aus einer Kirche im Untergrund eine bekennende Kirche. Wir erkannten, dass die Botschaft von Christus die von uns gesetzten Grenzen sprengt. Sie gilt allen Menschen, der ganzen Welt.

Saulus hat uns eigentlich erst klargemacht, dass Christus keine Geheimsache ist, sondern an die Öffentlichkeit, ja in die Politik, vor die Könige gehört.

In der Auseinandersetzung mit Saulus – ich nenne ihn immer noch Saulus, obwohl er sich ja später Paulus nannte – haben wir gelernt, dass Christus uns zur Freiheit berufen hat.

Oh, an der Botschaft von der Freiheit haben sich viele gestoßen. Glauben und Freiheit waren für viele ein Gegensatz. Es war ja auch leichter, sich nach Vorschriften zu richten, als die Liebe zum Maßstab von allem Tun zu nehmen.

Immer wieder hat uns Saulus daran erinnert: Glauben und Denken gehören zusammen. Glaube darf nicht auf Kosten von Denken wachsen und umgekehrt. Kritisches Denken war bei manchen Christen verpönt und darum unterentwickelt.

Was aber die meisten von uns letztlich überzeugt hat, war die Bereitschaft des Saulus für Christus zu leiden. Er hat sich für Christus schlagen und einsperren lassen. Ich weiß noch wie heute, als eines Tages ein treues Gemeindeglied, das anfangs starke Bedenken gegen Saulus hatte, zu mir kam und sagte: »Einer, der so viel für Christus einsteckt und leidet, ohne dabei zu verbittern und die Gegner zu verteufeln, kann kein Heuchler und kein Irrlehrer sein.«

Darum ist mir die Geschichte von der Bekehrung des Saulus so wichtig. Es geht in ihr um mehr als die Bekehrung eines Einzelnen. Es geht auch nicht darum, dass jeder Christ sein »Damaskus-Erlebnis« haben muss. Wie viel Zwang ist von solchem Denken ausgegangen! Die Geschichte erzählt von unserer Gemeinde. Wie schwer es uns gefallen ist, Saulus, den Fremden, aufzunehmen. Wie schwer es Gott mit uns hatte, uns durch seinen Boten Saul aus der Enge in die Weite, aus der Angst ins Vertrauen, aus dem Kleinglauben zum Glauben zu führen. Oder soll ich ehrlicherweise sagen, wie schwer Gott es mit mir hatte?

Heute bin ich froh über die damalige Krise, denn Gott hat mich durch sie befreit.

20. Verlasst die Torheit, so werdet ihr leben

Sprüche 9, 6

Eines Tages – die Erde war erst 200 Jahre alt – besuchte Gott die Menschen.

Er ging zuerst zu den Erwachsenen. Geduldig wartete er, bis sie alle von ihrer Arbeit auf dem Feld nach Hause kamen.

Dann erzählten sie. Viel Gutes von den Früchten des Feldes, von den leckeren Beeren und Pilzen im Wald. Ganz zum Schluss – Gott hatte sich schon verabschiedet – stand eine Mutter auf. »Warte noch einen Augenblick«, rief sie. Dann strich sie sich verlegen durchs Haar.

»Nun?«, fragte Gott.

»Weißt du«, sagte sie, »unsere Kinder, sie wissen oft nicht, was sie tun sollen, sie langweilen sich. Vielleicht besuchst du sie einmal.«

»Mach ich«, sagte Gott und ging zu den Kindern. Er suchte sie überall. Am Bach – keine Kinder. Im Wald – keine Kinder. Auf den hohen Bäumen – keine Spur von einem Kind.

Schließlich fand er sie in einer alten Scheune, da saßen sie alle auf dem Fußboden. Irgendeiner hatte ihnen Spiegel geschenkt. Jedes Kind hatte einen kleinen Spiegel in der Hand.

Vorsicht, sagte sich Gott, machte sich unsichtbar und ging zu den Kindern.

»Meine Nase gefällt mir überhaupt nicht«, sagte die kleine Hanna und versuchte ihre Nase platt zu drücken und ein Stück kürzer zu machen.

»Meine Ohren stehen so weit ab«, zischte Sascha und drückte sie mit beiden Händen an seinen Kopf, als wollte er sie ankleben.

Elisabeth raufte sich zornig die Haare: »Rote Haare, rote Haare, wie eine Hexe sehe ich aus!«

Jedes Kind hatte irgendetwas an sich auszusetzen. Während sie sich im Spiegel anschauten, streckten sie sich gegenseitig die Zunge heraus. Das darf doch nicht wahr sein, sagte sich Gott, irgendetwas fehlt den Kindern, es ist ihnen zu langweilig. Er überlegte: Aha, rief er, ich habs! Sie haben ihren Verstand noch nicht entdeckt und können ihn deshalb auch nicht anwenden und etwas Gutes erfinden. Ich werde ihnen eine Schule schenken. Und wie er es immer machte, gab Gott einigen Erwachsenen die Idee in den Kopf, für die Kinder eine schöne neue Schule zu bauen. Eine schöne Schule wurde es, eine wunderschöne Schule, etwa so schön wie eure Schule.

Aber immer, wenn Gott den Menschen etwas schenkte, mischte sich der Teufel dazwischen.

Bevor die Kinder in ihren neuen Klassenraum gingen, schlich sich der Teufel in die Schule und schrieb auf alle Tafeln den Satz: Lernen macht immer Spaß. Das Wort »immer« hatte er in dicken roten Buchstaben geschrieben. Mit großem Hallihallo begrüßten sich die Kinder im Klassenzimmer.

»Was steht denn da an der Tafel?«, fragte Cornelia: »Lernen macht immer Spaß«, las der Lehrer vor und zog dabei die Schultern ein wenig hoch. Ja, riefen die Kinder voller Begeisterung: Lernen macht immer Spaß. Und weil keine Lehrerin, kein Lehrer widersprach, wurde der Satz zum Leitsatz für die Schule. Die Lehrerinnen und Lehrer gaben sich die größte Mühe, dass Lernen immer Spaß machte. Zu Hause fragten die Eltern nach jedem Schultag: »Na, hats Spaß gemacht?« Und wehe, wenn ein Kind sagte: »Heute hatten wir nicht so viel Spaß wie gestern«, dann gingen die Eltern zur Lehrerin, zum Lehrer und beschwerten sich heftig.

Der Sportlehrer hatte es am einfachsten: Er machte dauernd Spiele und Wettkämpfe. Der Erdkundelehrer erzählte Abenteuergeschichten.

Nur der Mathematiklehrer tat sich sehr schwer. Alles hatte er schon versucht. Mit Kasperletheater, mit Rechenspielen, aber schließlich mussten die Kinder ja mal das Teilen lernen.

Eines Tages hatte Herr Stiefelbein einen Korb mit saftigen rotbackigen Äpfeln mitgebracht. Damit wollte er den Kindern das Teilen beibringen.

Als er sich zur Tafel umdrehte und die Aufgabe 24 : 3 anschrieb, standen die Kinder auf, überfielen den Korb mit Äpfeln, warfen sie durch die Klasse und bissen hinein. Mit vollem Mund rief Silke: »Bei Ihnen macht das Lernen Spaß.«

Herr Stiefelbein stand ratlos da.

Plötzlich kam Andreas aus der letzten Reihe nach vorne, ging an die Tafel und schrieb: 24 : 3 = 8.

Alle waren auf einmal ganz still. Wie hatte Andreas das rausgekriegt? Andreas, von dem alle sagten, der kann nicht mal bis drei zählen.

»Das stimmt nicht«, rief Andreas dann und zeigte auf die Tafel. »Doch«, antwortete der Lehrer, »du hast richtig gerechnet.«

Andreas schüttelte den Kopf. Er zeigte auf den Satz »Lernen macht immer Spaß«. »Das stimmt nicht!«, sagte er. Er nahm den Schwamm und wischte das »immer« aus. Dreimal musste er wischen, bis das »immer« nicht mehr zu sehen war.

»Wenn du lernst, ist das oft ganz schön anstrengend. Aber wenn du dann was kannst, dann macht es Spaß, dann bist du stolz«, sagte Andreas. Alle waren ganz still.

»Ich möchte auch wissen, wie man das rechnet 24 : 3«, rief Claudia in die Stille hinein – und plötzlich wollten alle das Teilen lernen.

Im Lehrerzimmer wurde noch lange von dem, was Herr Stiefelbein erlebt hatte, gesprochen. »Jetzt«, sagte eine Lehrerin, »jetzt macht Schule für alle Spaß.«

»Aber«, rief einer dazwischen, »ohne Anstrengung geht es nicht, auch in der schönsten Schule nicht.«

Als Gott wieder einmal in die Schule kam, staunte er, was die Kinder alles konnten. Einer hatte einen hohen Turm aus ganz vielen kleinen Hölzern gebaut, eine andere konnte ganz schwere Rechenaufgaben im Kopf rechnen ... Ein weiterer Junge malte wunderschöne Bilder. Gott freute sich unbändig. Nur einer, einer ärgerte sich grün und blau! Er überlegte und überlegte, dann machte er drei Purzelbäume durch die Luft und lachte, dass das ganze Schulhaus dröhnte. Er hatte sich eine neue List ausgedacht, der Teufel.

Welche, das verrate ich nicht. Die müsst ihr selbst herausfinden.

IV. Geschwisterlich leben

Menschen begegnen Gott und entdecken: Vor ihm gibt es keine Stufen. Es ist schön verschieden zu sein. Die Unterschiede werden nicht aufgehoben oder relativiert, sondern noch deutlicher. Aber sie trennen nicht mehr. Sie verbinden zu einer neuen Geschwisterlichkeit.

Vielen Christen fällt es jedoch immer noch schwer, sich selbst als Kinder desselben Vaters zu verstehen und den Weg des Volkes Israel als Gottes eigenen Weg mit seinem Volk anzuerkennen (21).

Konfessionelle Grenzen erschweren immer noch das Zusammenleben der Menschen. Der universale Wunsch, den Baum des Friedens schneller wachsen zu lassen, verbindet Menschen aller Völker miteinander (22).

Wenn jedoch der Glaube an den lebendigen Gott durch Geldgier zerstört wird, bleiben Menschen am Rande der Gesellschaft ohne Hoffnung (23).

Dass einmal alle Völker dieser Erde in Christus versöhnt miteinander leben, ist wahrhaft eine ökumenische Perspektive (24).

Schon heute feiern Christen die neue, durch Christus gestiftete Gemeinschaft in der Eucharistie, dem Heiligen Abendmahl. Keiner darf dabei hungrig bleiben (25)!

Kinder haben ein feines Gespür und leiden oft sehr unter trennenden Unterschieden. Sie finden jedoch zum Erstaunen der Erwachsenen oft ganz unkonventionelle Wege, um aufeinander zuzugehen. So auch in der Geschichte, die von der Freundschaft zwischen einem deutschen und einem türkischen Jungen erzählt (26).

Von unterschiedlichen Begabungen werden oft Wertmaßstäbe abgeleitet. Kinder wehren sich dagegen, fühlen sich aber von den Erwachsenen meistens allein gelassen. »Wir brauchen einander« erzählt von einem Jungen, dem es anders erging: Er lernt mit Hilfe der Mutter seine Begabungen zu erkennen und einen eigenen Platz in der Klasse zu finden (27).

Oft aber – und das ist eine alltägliche Erfahrung – werden Menschen ausgegrenzt und sich selbst überlassen. »Du darfst ihn hier nicht liegen lassen«, sagt sich dagegen Hanna, die Putzfrau der Markthallen und kümmert sich um den sterbenden Mann, der unter den Verkaufstischen liegt (28).

Geschwisterliches Leben wird unter Geschwistern oder in der Schulklasse oft zum Problem, das nur mit viel Einfühlungsvermögen zu lösen ist (29).

Menschen, die geschwisterlich leben, aufeinander Rücksicht nehmen und sich gegenseitig gelten lassen, stehen unter dem Segen Gottes.

Die Sorge aber, der Segen Gottes könnte für den Einzelnen, die Einzelne spärlicher ausfallen, wenn er vielen Menschen zugesprochen wird, diese Sorge müssen nicht nur Kinder überwinden (30).

Am Schluss des Buches stehen drei Geschichten vom stolpernden Engel. Sie sind eng aufeinander bezogen und laden ein weiterzuschreiben. Denn keine, keiner folgt dem Christus leichtfüßig nach. Wir stolpern alle in den Himmel.

21. Wie zwei Kinder des selben Vaters

Römer 9, 1-5

Die meisten Paulusbriefe in der Bibel habe ich, Tertius, geschrieben. Nein, nicht verfasst und entworfen, sondern nur aufgeschrieben. Schreiben habe ich in der Synagoge bei den Rabbinern gelernt, als Dienst am Wort Gottes. Schreiber war ich. Das war damals eine Ehrenstellung. Schreiber des Apostels Paulus. Das klingt nach etwas Wichtigem. Allerdings kein leichter Beruf. Naja, manchmal ging das sehr zügig. Den Brief an den Sklavenhalter Philemon habe ich binnen einer Stunde geschrieben. Oder gestern die klaren und sicheren Sätze: *Denn ich bin gewiss, dass weder Tod noch Leben, ... weder Hohes noch Tiefes noch eine andere Kreatur uns scheiden kann von der Liebe Gottes, die in Christus Jesus ist, unserm Herrn.* Aber das waren die Ausnahmen. Wenn Paulus nachdachte und diktierte, war das meistens vergleichbar mit einer schweren Geburt. Ich denke da zum Beispiel an die Korinther-Briefe. Wie konnte der Mann toben! Und wie jämmerlich hat er oft geweint, wie ein Kind geschluchzt.

Eines Morgens, wir schrieben wie gesagt gerade den Brief an die Gemeinde in Rom, kam Paulus erst gegen 11 Uhr ins Schreibzimmer. Er war außer sich vor Zorn. »Da gibt es Christen in Rom, die behaupten doch: Wir, die Christen, sind jetzt das wahre Israel. Gott habe sein Volk verstoßen und verlassen. Schreib, Tertius, schreib!«

Paulus zitterte vor Zorn. »Schreib auf, was wirklich wahr ist. Schreib die Wahrheit in Christus!« Und dann legte er los, so als hätte er eine unumstößliche Gewissheit mitzuteilen: »*Ich sage die Wahrheit in Christus und lüge nicht, wie mir mein Gewissen bezeugt im heiligen Geist, dass ich große Traurigkeit und Schmerzen ohne Unterlass in meinem Herzen habe.*«

Der Ton seiner Stimme war mitten im Satz umgeschlagen, ganz weich und warm geworden. Ich spürte, es ging ihm ans Herz, es fiel ihm schwer, sachlich zu bleiben. Er sah, dass auch ich betroffen war, legte seine Hand auf meine Schultern und sagte ruhig:»Schreib weiter, Freund!« Und dann diktierte er:»Ich, Paulus, möchte auf alles verzichten, wenn ich nur meine Brüder von Christus überzeugen könnte.« Er zögerte.»Nein, streich durch! Ich, Paulus, ich selber möchte verflucht und von Christus geschieden sein, meinen Brüdern zugute, die meine Stammesverwandten sind nach dem Fleisch.« Schweißperlen hatten sich auf seiner Stirn gebildet. Er kämpfte mit sich, er kämpfte mit Gott.»Oder«, sagte er dann nach langem Schweigen, »oder sollte etwa Gott selbst meine jüdischen Schwestern und Brüder daran hindern, in Jesus den Messias zu erkennen? Geht Gott einen ganz anderen Weg mit seinem Volk, mit seinem ewig geliebten Volk? Ja, Tertius, schreib weiter.« Dann sprudelte es nur so aus ihm heraus: *»Die ja Israeliten sind, denen die Annahme an Sohnes Statt angehört und die Gegenwart Gottes und die Bündnisse und die Gesetzgebung und der Gottesdienst und die Verheißungen, denen die Väter angehören und von denen Christus dem Fleische nach herstammt. Gott, der da über allem ist, sei gepriesen in Ewigkeit! Amen.«* (Zürcher Bibel) Ich konnte ihm gar nicht so schnell folgen. Er wartete.»Lies noch mal vor«, bat er mich. Ich wiederholte langsam Wort für Wort das bereits Aufgeschriebene.

»Nein«, Paulus schüttelte den Kopf,»Gott hat sein Volk nicht verstoßen. Zu meinem Volk Israel gehört die Gegenwart Gottes!«

Ich war ein wenig verwirrt und versuchte, meine Gedanken zu ordnen.»Ich bin nicht sicher, ob ich dich richtig verstanden habe. Du schreibst: ›Israel gehört die Annahme an Sohnes statt.‹ Israel ist also als ganzes Volk Gottes Sohn!?«

»Ja, genau!«, antwortete Paulus.

»Aber wir Christen bekennen doch Jesus als den Sohn Gottes?«, wandte ich ein. »Sehr gut, Tertius, sehr gut! Denk weiter! Israel und Jesus und wir Christen sind Söhne des einen Gottes. Für Israel ist und war Gottes Wort immer schon die Weisung zum Leben.«

»Und Christus«, bemerkte ich, »hat er nicht das Gesetz aufgehoben?«

»Quatsch!«, rief Paulus. »Christus hat das Gesetz zum Ziel geführt, oder nein, warte mal!« Er dachte nach. »Schreib auf: Christus ist der Vollender des Gesetzes.«

»Das verstehe ich nicht.« Paulus setzte sich nun ganz nahe zu mir, als wollte er mir etwas ganz im Vertrauen sagen. »In Christus hat die Weisung Gottes, das gesprochene und geschriebene Wort, Fleisch und Blut angenommen, ist Hand und Fuß geworden. Er, Jesus, ist das gelebte Wort Gottes. Jesus hat Gottes Willen so deutlich vorgelebt, dass jetzt jeder verstehen kann: Du bist ein von Anfang an geliebter Mensch, ohne Verdienste wirst du voraussetzungslos geliebt.«

Ich blätterte zurück und sagte: »Wie du mir vor einigen Tagen diktiert hast: ›So halten wir nun dafür, dass der Mensch gerecht wird ohne des Gesetzes Werke, allein durch den Glauben!‹«

»Ja, Christus ist der Vollender der Weisungen Gottes«, erwiderte Paulus und stand auf, als wollte er Schluss machen. Ich hatte schon das Tintenfass geschlossen, da drehte er sich noch einmal um. Sein Gesicht trug wieder die gequälten Züge vom frühen Morgen. »Warum, warum um Gottes willen erkennen meine israelischen Schwestern und Brüder in Jesus nicht den Christus?«

Da standen wir also wieder am Anfang. Die Sonne hatte sich tief nach Westen geneigt. Die Schatten der Zypressen warfen sich auf die Häuser, nur die Hügel über der Stadt Korinth waren noch immer in das warme Abendlicht getaucht.

Paulus stand lange schweigend am Fenster und blickte zu den Bergen hin. Dann sagte er leise: »Tertius, es könnte doch sein, ich meine, es ist doch durchaus möglich, dass Gott einen eigenen Bund mit Israel und einen anderen Bund mit uns Christen geschlossen hat. Vielleicht geht er verschiedene Wege mit uns, weil wir verschieden sind, wie zwei Kinder desselben Vaters, derselben Mutter?«

»Dann«, unterbrach ich ihn, »dann ist es aber doch sinnlos einander bekehren zu wollen.« Paulus nickte: »Ja, es ist sinnlos und gottlos.« Er atmete tief ein. »Wenn ich noch Zeit hätte, lieber Tertius, dann würde ich noch einen weiteren Brief schreiben. Vielleicht könnte ich damit jene fürchterliche Lehre widerlegen, wir Juden hätten Christus gekreuzigt, wir wären schuld an seinem Tod.« Wieder versank Paulus in tiefes Schweigen.

»Pack dein Schreibzeug noch einmal aus«, sagte er dann mit klarer ruhiger Stimme, »und schreib auf.« Er wartete geduldig, bis ich das Pergament geglättet und die Feder gefüllt hatte, dann sprach er wie im Gebet:

»O welch eine Tiefe des Reichtums, beides, der Weisheit und der Erkenntnis Gottes! Wie gar unbegreiflich sind seine Gerichte und unerforschlich seine Wege! Denn wer hat des Herrn Sinn erkannt, oder wer ist sein Ratgeber gewesen? Oder wer hat ihm etwas zuvor gegeben, dass Gott es ihm vergelten musste? Denn von ihm und durch ihn und zu ihm sind alle Dinge. Ihm sei Ehre in Ewigkeit!« (Röm. 11, 33-36)

22. Lass den Baum des Friedens schneller wachsen

Jeremia 29, 1 + 4 - 7, 10-14

Wenn Rahel von den heimlichen Treffen mit Mesach ihrem Freund nach Hause ging, machte sie meistens noch einen kleinen Umweg am Euphrat entlang. Und jedes Mal vertraute sie ihren größten Wunsch dem breiten Strom an: Verliebt sein dürfen ohne Angst. Nein, sie hatte keine Angst vor dem Verliebtsein, auch nicht vor Mesach ihrem Freund. Angst hatte Rahel vor ihrem Vater Elisar. Wenn der erfahren würde, dass ihr Freund Mesach ein Babylonier war und von Beruf Sternforscher ... Nur zu gut konnte sich Rahel den Wutausbruch ihres Vaters vorstellen.

»Du, Gott«, betete sie, wenn sie an jenem Uferplatz vorbeiging, an dem sich viele Israeliten ihres Dorfes zur Sabbatfeier trafen, »barmherziger Gott, schenke meinem Vater Einsicht in die Weite deiner Liebe!« Aber zu Hause änderte sich nichts. Im Gegenteil. Ihr Vater wurde immer mürrischer, unzufriedener und schimpfte mit Gott und der Welt.

Eines Tages kam er mit hochrotem Kopf nach Hause und wetterte schon im Vorgarten mit lauter Stimme: »Die machen sich über uns lustig. Bei der Arbeit sollen wir Lieder aus unserer Heimat singen. Wie kann ich von Jerusalem singen, wenn 900 km Wüste dazwischen liegen? Aber wartet, eines Tages werden wir es euch heimzahlen. ›Gott segne den, der deine Kinder nimmt und sie am Felsen zerschmettert!‹«, schrie Elisar. (nach Psalm 137, 9)

Rahel erschrak. So voller Hass und Wut hatte sie ihren Vater noch nie erlebt.

Die Mutter nahm Rahel beiseite: »Wer seine Wut ausspricht, wer sie vor Gott ausspricht, braucht sie nicht auszuleben«, sagte sie. »Und glaube nur nicht, Gott würde solche Hassgebete erhören. Sie alle«, fuhr sie fort, »sie alle steigern sich immer mehr da hinein. Jeden Sabbat Klagelieder, Sehnsuchtslieder, Heimatlieder. Rückschau, lamentierende Rückschau! Wenn wir doch … ach wären wir …! Ich kann es schon nicht mehr hören!«

Rahel ging plötzlich ein Licht auf: Deshalb ging Mutter immer seltener mit zur Sabbatfeier an den Fluss.

Einmal klagt sie über Kopfschmerzen, dann über Beschwerden beim Gehen. Sie findet immer neue Ausreden. Vielleicht machen wir uns alle etwas vor?, dachte Rahel.

»Weißt du«, begann die Mutter und riss Rahel aus ihren Gedanken, »wir leben schon seit drei Jahren hier. Wir leben von dem Korn, das auf babylonischem Land wächst. Wir essen das Obst der babylonischen Bauern … Warum dürfen wir dann nicht auch zu den Menschen freundlich sein?«

Soll ich es ihr sagen, mein Geheimnis?, fragte sich Rahel. Mutter wird es sicher verstehen.

»Du«, begann sie. »Du wirst es vermutlich schon bemerkt haben: Ich bin verliebt.« Die Mutter lachte: »Wie willst du das verheimlichen? Seit einem halben Jahr sehe ich, wie du dich verändert hast. Auch dein Gang ist beschwingter geworden.«

»Mesach, mein Freund, ist Babylonier«, fügte Rahel rasch hinzu. Ihre Mutter seufzte tief und nickte.

»Ich weiß«, sagte sie nur, »ich habe euch vor ein paar Monaten unten am Fluss gesehen.« Rahel erschrak zutiefst. »Und Vater?«, fragte sie. Die Mutter schüttelte den Kopf. »Er spürt gar nicht mehr, was uns bewegt. Er lebt nur noch im Gestern. Für ihn ist die Zeit stehen geblieben. Ich glaube, er kommt auch mit seinen alten Freunden nicht mehr klar. Er sitzt zu oft im Haus und grübelt.«

Für Rahel folgte eine schwere Zeit. Sie träumte davon bald zu heiraten und mit ihrem Mann in die Stadt Babylon zu ziehen.

Ja und dann, dann schien es mit einem Mal mit allen Träumen aus zu sein. Jonas, ihr sechsjähriger Bruder posaunte ihr Geheimnis am Mittagstisch plötzlich aus: »Mama, Rahel und Mesach haben sich geküsst.« Vater Elisar hielt wie erstarrt den Suppenlöffel in der Hand und fragte: »Mesach, sagtest du Mesach? Der junge Mesach, der Sternengucker?«

Rahel blickte hilfesuchend zu ihrer Mutter hin. Jonas grinste. Er konnte nicht ahnen, was er angerichtet hatte. Rahel stand auf und sagte: »Ja, Mesach ist mein Freund, und ich werde ihn heiraten!« Sie wusste nicht, woher sie auf einmal die Kraft hatte, dies so deutlich vor ihrem Vater auszusprechen.

»In meinem Hause darf der sich nicht blicken lassen!«, schrie ihr Vater, stand auf und knallte die Tür hinter sich zu.

In den kommenden Tagen lebte Rahel in stetiger Angst, ihrem Vater alleine zu begegnen. Doch merkwürdigerweise blieb es bei diesem kurzen Zornesausbruch. Eine eigenartige Unruhe ging von Elisar aus. Rahel spürte, irgendetwas arbeitete in ihrem Vater. Nein, sie konnte nicht wissen, dass es in der Gemeindeleitung, zu der Elisar, ihr Vater, gehörte, seit einigen Wochen großen Streit gab. Grund und Anlass war ein Brief des Propheten Jeremia aus Jerusalem. Genau genommen ging es um einen kurzen Abschnitt in der Mitte des Briefes, wo es heißt:

So spricht der Herr Zebaoth, der Gott Israels, zu den Weggeführten, die ich von Jerusalem nach Babel habe wegführen lassen: Baut Häuser und wohnt darin; pflanzt Gärten und esst ihre Früchte; nehmt euch Frauen und zeugt Söhne und Töchter, nehmt für eure Söhne Frauen, und gebt eure Töchter Männern, dass sie Söhne und Töchter gebären; mehret euch dort, dass ihr nicht weniger werdet. Suchet der Stadt bestes, dahin ich euch habe wegführen lassen, und betet für sie zum Herrn; denn wenns ihr wohl geht, so gehts auch euch wohl …

Denn so spricht der Herr: Wenn für Babel siebzig Jahre voll sind, so will ich euch heimsuchen und will mein gnädiges Wort an euch erfüllen, dass ich euch wieder an diesen Ort bringe. Denn ich weiß wohl, was ich für Gedanken über euch habe, spricht der Herr: Gedanken des Friedens und nicht des Leides, dass ich euch gebe das Ende, des ihr wartet. Und ihr werdet mich anrufen und hingehen und mich bitten, und ich will euch erhören. Ihr werdet mich suchen und finden; denn wenn ihr mich von ganzem Herzen suchen werdet, so will ich mich von euch finden lassen, spricht der Herr, und will eure Gefangenschaft wenden und euch sammeln aus allen Völkern und von allen Orten, wohin ich euch verstoßen habe, spricht der Herr, und will euch wieder an diesen Ort bringen, von wo ich euch habe wegführen lassen. (Jeremia 29, 4-7 +10-14)

»Diesen Brief können und dürfen wir auf keinen Fall der Gemeinde vorlesen!«, rief Elisar empört. Und er fand mit diesen Worten schnell die Zustimmung der Mehrheit.

Allerdings gab es auch Mitglieder in der Gemeindeleitung, die anderer Meinung waren: »Wer nur zurückblickt, wird blind für die Möglichkeiten der Gegenwart. Glaube heißt, sich den Tatsachen stellen, standhalten!« So argumentierte Simon, ein alter Freund von Elisars Familie. Und er fand immer mehr, die ihm innerlich zustimmten.

In der Ratssitzung, drei Wochen nach Eintreffen des Briefes aus Jerusalem, kam es wieder zu einer heftigen Auseinandersetzung: »Sag mal Elisar«, fragte Simon, »willst du oder kannst du nicht mehr hören: Gedanken des Friedens hat Gott mit uns, Gedanken des Schalom und nicht des Leides.«

Elisar schüttelte den Kopf: »Ist Gefangenschaft Friede?«, rief er aufgebracht. Sein Freund Jonathan unterstützte ihn: »Wie ich die babylonische Regierung einschätze, wird die uns nicht so schnell in die Heimat zurückgehen lassen. Wir werden uns auf eine lange Zeit hier einrichten müssen, da stimme ich dem Propheten zu, aber für die Feinde beten?! Nein, das ist zu viel verlangt.«

»Wie soll Gott uns Frieden geben, wenn wir in Streit weiterleben? Wo Hass regiert, kann kein Friede sein!«, entgegnete Simon.

»Gottes Frieden ist Frieden im Herzen!«, rief Elisar aufgebracht. »Mit den Feinden, die uns hierher verschleppt haben, kann und darf es keinen Frieden geben!«

Jetzt ergriff Benjamin, ehemaliger Gastwirt aus Jerusalem, das Wort: »Das eine weiß ich aus langer Berufserfahrung genau: Wenn du im Herzen Frieden hast, wirst du auch die Herzen der Feinde erreichen.«

Benjamin wandte sich direkt an Elisar: »Früher hast du immer gesagt, Friede ist keine Idee, Friede ist eine Lebenshaltung. Ein Tun.«

»Früher«, rief Elisar, »früher war alles anders! Wir leben heute unter Umständen, die wir uns nicht ausgesucht haben.« »Allerdings«, warf Simon ein, »und auf einmal sind die Umstände stärker als der Glaube?!«

Elisar stand auf. Ihm reichte es. »Ich weiß einfach nicht mehr weiter!«, sagte er beim Abschied von seinen Freunden.

Innerlich aufgewühlt kam Elisar nach Hause. Diesmal konnte er nicht anders. Er musste alles erzählen: Von dem Brief aus Jerusalem, der Diskussion mit den Freunden, seinem inneren Zwiespalt …

»Lass mir Zeit!«, sagte er schließlich. »Lass mir Zeit …!« Seine Frau lachte: »Das klingt so, als würdest du noch immer darauf warten, dass Gott von Jerusalem nach Babylon umzieht, uns gleichsam nachkommt.«

»Nachkommt«, wiederholte Elisar und stockte. »Nachkommt, vielleicht ist es umgekehrt?! Vielleicht muss ich ihm nachkommen, ihm, der uns immer voraus ist? Sag mal«, fragte Elisar und schaute dabei seine Frau mit großen Augen an, »kann es sein, dass sich unser Glaube verändert?« »Nein«, antwortete seine Frau. »Die Wirklichkeit ändert sich. Sie ändert sich gegenläufig zu unserer Vorstellung. Alles wird anders, als wir es uns erdachten, wünschten, planten, hofften …

Nein, der Glaube bleibt. Er ist die Lebenskraft, die uns stark macht, in der veränderten Wirklichkeit, unter nicht geplanten Lebensbedingungen zu leben. Er ist die Kraft, die uns hilft, gegen alle Enttäuschungen am Gott der Hoffnung festzuhalten.«

Hanna, Elisars Frau, zögerte einen Augenblick. Dann fuhr sie mit fester Stimme fort: »Weißt du, während ihr am Fluss eure Klagelieder angestimmt habt, habe ich mich an das Gebet gehalten: *Gott ist unsere Zuversicht und Stärke, eine Hilfe in den großen Nöten, die uns betroffen haben. Darum fürchten wir uns nicht!* (Ps. 46, 2-3) Und?«, fragte Hanna und nahm Elisars Hand, »heißt es nicht oft in den Gebeten der Väter: *Dennoch bleibe ich stets an dir, denn du hältst mich bei meiner rechten Hand.*« (Ps. 73, 23)

Elisar staunte, wie gut sich seine Frau Hanna in den Schriften auskannte. Er staunte und fiel wieder zurück in sein Schweigen.

Dann plötzlich rief er nach Rahel, seiner ältesten Tochter.

»Wann?«, fragte er sie, »wann willst du heiraten?« Rahel blickte erstaunt auf: »In fünf Monaten«, sagte sie fest entschlossen.

Elisar blickte aus dem Fenster und schwieg. »Ich weiß nicht«, sagte er ein wenig abwesend, »ich weiß nicht, ob ich es bis dahin schaffen kann. Ihr müsst mir Zeit lassen!«

Rahel ging auf Elisar zu und gab ihm zärtlich einen Kuss auf seine Stirn. »Schreibt nicht der Prophet, dass Gott Zukunft und Hoffnung gibt?«, fragte sie leise.

»Ja«, antwortete Elisar, »mehr kann er für uns nicht tun. Aber es ist schwer, so unendlich schwer, unserem Gott zu vertrauen, wenn alles so anders kommt, als ich es mir erdacht hatte. Verstehst du, ich brauche noch mehr Zeit. Die Hoffnung wächst in der Fremde langsamer.«

Elisar schaute wieder aus dem Fenster und Rahel ging leise aus dem Zimmer. Sie atmete auf: »Ich danke dir, lieber Gott. Ich bitte dich, lass den Baum des Friedens und der Hoffnung in Vater schneller wachsen.«

23. Wenn es für die Ärmsten keine Hoffnung gibt

Jesaja 1, 10-17

Es war ein Paradies für Kinder, das kleine Haus am Rande der Stadt Hazor, am Hang des Libanongebirges. Kenanja hatte es selbst aus den schweren Steinen des Gebirges und mit viel Holz gebaut. Beim Mauerwerk hatten ihm Freunde geholfen. Die Balken hatte Kenanja mit eigener Hand aus den Zedern des Libanon geschlagen. Er war zwar nur ein einfacher Holzfäller, aber er verstand sich auch auf die Arbeiten eines Zimmermanns. Den Ziegen- und Schafstall hatte er schließlich ganz aus Holz gebaut.

Wie gesagt, es war ein kleines Paradies für Kinder. Zeruja, Kenanjas Frau, war für das Haus und den Garten verantwortlich. Sie hatte sich daran gewöhnt, dass ihr Mann oft viele Tage lang im Gebirge war, besonders im Winter, wenn die mächtigen Zedern gefällt wurden. In diesem Winter aber, Zeruja erwartete ihr viertes Kind, fragte sie öfter: Wirst du lange draußen bleiben? Wenn sie dann seine schwere Hand auf ihrem runden Leib spürte, schämte sie sich, so gefragt zu haben.

Die beiden Großen, Hanna, die Zwölfjährige, und Michael, der acht Jahre alt war, aber für sein Alter schon ziemlich groß gewachsen, halfen beide schon fleißig bei der täglichen Hausarbeit mit. Sirach, der Kleinste, sprach seit Tagen nur noch von der kleinen Schwester, die – das wusste er genau – bald aus Mamas Bauch kriechen würde. Wie ein Prophet tanzte Sirach um die kleine, vom Vater gezimmerte Wiege, in die Miriam am Tag der Mandelblüte gelegt wurde. An ihrem kräftigen Schreien hörte man, dass es ein gesundes Kind war. Nur ihre Mutter Zeruja erholte sich trotz aller ärztlicher Kunst nicht mehr von der schweren Geburt. Sie bekam hohes Fieber und starb fünf Tage später.

Kenanja, gerade auf dem Weg nach Hause, war noch etwa anderthalb Stunden Fußweg vom Haus entfernt. Im Dorf, das er eilig durchschritt, feierten sie das Frühlingsfest und tanzten auf den Straßen. Sie werden wohl alle um die Wiege stehen, sagte er sich, als niemand ihm den Hang hinunter entgegenlief.

Als Kenanja die Stube betrat, war es totenstill. Miriam schlief in der Wiege neben ihrer toten Mutter, ringsum die erstarrten Gesichter der Kinder, der Nachbarn. Das Angebot der Nachbarn, für Zeruja einen Sarg zu zimmern, lehnte Kenanja energisch ab. »Mach ich selbst«, sagte er, ohne jemanden dabei anzusehen.

Wie immer schaute Sirach dem Vater bei der Arbeit zu. Er spürte, irgendetwas war anders, ganz anders, aber er konnte es nicht benennen, dieses andere. »Der ist ja für Mama viel zu groß, da passt du ja rein«, sagte Sirach und zeigte auf den nach Kiefernholz duftenden Sarg. Er wusste nicht, was er sagte, er konnte sich noch nicht vorstellen, was tot sein heißt. Und er ahnte auch nicht, dass man bereits vier Wochen später seinen Vater in einem noch größeren Sarg herbeitragen würde.

»Vom Baum erschlagen«, sagte einer der Träger. Und nach einer längeren Pause fügte ein anderer hinzu: »Er war in letzter Zeit so anders. Wenn wir ihn gerufen haben, hat er oft gar nicht reagiert. Der schwere Stamm ist direkt auf ihn gefallen.«

»Er war sofort tot«, sagte ein dritter, und das sollte wohl so etwas wie ein Trost sein.

Die kleine Miriam hatten sie gleich nach dem Tod ihrer Mutter mit hinunter ins Dorf genommen. Nun, nach der Beerdigung des Vaters, nahmen die Verwandten auch noch Sirach mit. Die beiden Großen, so sagte Tante Lea, die Schwester der Mutter, könnten ja vorerst noch im Hause wohnen bleiben.

Michael und Hanna wussten, dass sie aufeinander angewiesen waren, sie halfen sich gegenseitig und besuchten oft ihre Geschwister.

Michael akzeptierte ohne weiteres, dass er Hanna gehorchen musste. Er versorgte die Tiere und Hanna den Garten, das Essen kochten sie gemeinsam. Die Leute im Dorf, die neben den Verwandten zuweilen vorbeikamen, staunten, wie erwachsen Hanna war. So lebten die beiden Kinder schon drei Wochen miteinander, bis ihr Onkel Jojadas, der einzige Bruder des Vaters, mit seiner vierspännigen Kutsche aus Jerusalem vorgefahren kam. Jojadas war in der Stadt Jerusalem ein anerkannter Rechtsgelehrter, Vorsteher der Gemeinde, Stifter einer Krankenhalle beim Teich Bethesda und ein angesehener Wohltäter. Neben zwei Kutschern war auch noch ein Diener mitgekommen. Hanna ahnte nichts Gutes und betrachtete argwöhnisch die neuen bunten Kleider, die Onkel Jojadas mitgebracht hatte. Nach einer kurzen Begrüßung kam Jojadas sofort zur Sache: Der Familienrat habe seinem Vorschlag zugestimmt, Hanna könne im Krankenhaus Bethesda arbeiten und Michael bei ihm wohnen und die Pferde versorgen.

»Warum dürfen wir beide nicht in unserem Elternhaus wohnen bleiben? Bald sind wir erwachsen und können uns verheiraten«, fragte Hanna.

In ziemlich gereiztem Ton erklärte Onkel Jojadas, dass er als einziger Bruder des verstorbenen Vaters alleiniger Erbe sei. Er werde für Hanna und ihren Bruder sorgen und das kleine Haus zu seinem Sommerwohnsitz umbauen. Sie könne ihn dann ja mal hier besuchen.

Hanna spürte, jeder Widerstand war sinnlos. Sie musste sich den Anordnungen ihres Onkels fügen, zog mit ihm nach Jerusalem und begann als Putzhilfe im Krankenhaus.

Mit der Zeit wurden die Kontakte zwischen Michael und Hanna immer seltener. Am zweiten Todestag ihrer Mutter – Hanna putze gerade die große Halle des Krankenhauses – besuchte sie ihr Bruder heimlich. Der Onkel habe ihn geschlagen und getreten, er sei weggelaufen und lebe nun mit ein paar Gleichaltrigen zusammen. Wo, das wolle er ihr nicht verraten. Er bat Hanna um Brot für sich und seine Freunde und verschwand.

Es war schwer ohne die Eltern und Geschwister. Hanna ließ sich nach Feierabend öfter zu einem Kreis um den Mann, den sie den Propheten nannten, einladen. Außer ihr gehörten diesem Kreis noch zwei weitere Frauen an, sonst kamen nur Männer zusammen. Sie saßen oft lange Nächte beeinander und erzählten aus ihrem Leben, von den bitteren Erfahrungen mit den Menschen und den schönen und schweren mit Gott.

Eines Abends durchbrach Hanna ihr Schweigen: »Ich verstehe nicht«, sagte sie, »dass Menschen sehr fromm und gleichzeitig sehr geizig sein können.« Und sie erzählte von dem Hungerlohn, den ihr Onkel zahlte, und von dem prächtigen Sommersitz, zu dem Jojadas ihr elterliches Haus umgebaut hatte.

Jesaja schüttelte den Kopf. »Sie sind nicht fromm«, sagte er. »Ihre Frömmigkeit ist nur eine Maske, hinter der sie ihre Gier verstecken.«

Dieser Satz schlug ein und zerstörte binnen eines Augenblickes Hannas Kinderglauben. Frömmigkeit als Maske vor der Gier nach Gold, Ansehen und Status. Hanna sah ihren Onkel Jojadas vor sich, wie er ihr nach dem Tod des Vaters bunte Kleider brachte. Schon damals hatte sie geahnt, er meinte es nicht gut mit ihnen.

»Fromm sein heißt«, Jesaja machte eine Pause. »fromm sein heißt Menschsein aus Barmherzigkeit, oder«, er zögerte, »Menschsein in Barmherzigkeit.«

Am Freitagabend, gingen viele Männer mit ihren wohlgenährten Opfertieren zum Tempel. Hanna traf den Propheten auf dem Platz vor dem Tempel. Er rief mit lauter Stimme über den ganzen Platz: *»Höret des Herrn Wort, ihr Herren von Sodom! Nimm zu Ohren die Weisung unseres Gottes, du Volk von Gomorra! Was soll mir die Menge eurer Opfer? spricht der Herr. Ich bin satt der Brandopfer von Widdern und des Fettes von Mastkälbern und habe kein Gefallen am Blut der Stiere,* *der Lämmer und Böcke. Wenn ihr kommt, zu erscheinen vor mir – wer fordert denn von euch, dass ihr meinen Vorhof zertretet? Bringt nicht mehr dar so vergebliche Speiseopfer! Das Räucherwerk ist mir ein Greuel! Neumonde und Sabbate, wenn ihr zusammenkommt, Frevel und Festversammlung mag ich nicht! Meine Seele ist feind euren Neumonden und Jahresfesten; sie sind mir eine Last, ich bins müde, sie zu tragen. Und wenn ihr auch eure Hände ausbreitet, verberge ich doch meine Augen vor euch; und wenn ihr auch viel betet, höre ich euch doch nicht; denn eure Hände sind voll Blut. Wascht euch, reinigt euch, tut eure bösen Taten aus meinen Augen, lasst ab vom Bösen! Lernet Gutes tun, trachtet nach Recht, helft den Unterdrückten, schaffet den Waisen Recht, führet der Witwen Sache!«* (Jesaja 1, 10-17)

»Du armer Irrer«, rief einer der wenigen Zuhörer zurück und drückte Jesaja mitleidig eine Münze in die Hand. »Unverschämter Kerl«, rief ein anderer, »mach, dass du fortkommst.« Jesaja war sprachlos, blickte sich ängstlich um und verschwand.

Am nächsten Abend im Gespräch am runden Tisch platzte Hanna mit ihrer lange aufgeschobenen Frage dazwischen: »Sag mal, woher bekommst du das Gotteswort? Ich meine, du sagst es uns, aber wer sagt es dir? Das Wort vom letzten Freitag zum Beispiel?«

Einen Augenblick lang schien Jesaja wie ertappt. Er wurde verlegen und blickte zu Boden. »Ich kann es dir nicht erklären«, antwortete er langsam. »Ich kann es mir selbst nicht erklären. Es schweigt sich durch, oft eine ganze Nacht lang. Es ist immer wie eine schwere Geburt«, fügte er hinzu. »Wisst ihr«, sagte er, und seine Stimme fand wieder den gewohnten festen Ton, »wenn ich Gottes Wort höre, höre ich es zuerst als Wort an mich. Und dann fällt es mir schwer, es anderen weiterzusagen. Ich weiß ja von den anderen so wenig.« Seine Worte klangen wie eine Entschuldigung. »Aber wenn ich es für mich behalte, brennt es in mir wie ein Feuer, es muss raus, damit es mich nicht verzehrt. Und wenn es draußen ist«, seine Stimme wurde merklich leiser, »wenn es endlich ausgesprochen ist, dann fürchte ich, sie könnten es als Vorwurf missverstehen. Jedes Wort unseres Gottes ist eine Zumutung. Es macht Mut umzukehren, neue Wege zu suchen und zu gehen. Umkehr heißt die Verschlossenheit aufbrechen und sich dem Ruf des Lebens öffnen. Nein, das Wort Gottes bietet keine Patentrezepte, aber es ermutigt, neue Wege zu suchen, damit Witwen und Waisen, Heimatsuchende und Zigeuner Gerechtigkeit erleben. Daran, wie wir mit den Witwen und Waisen umgehen, zeigt sich, aus welcher inneren Einstellung wir leben. An den Rändern wird deutlich, wie es im Innersten eines Volkes aussieht. Wenn es für die Ärmsten keine Hoffnung gibt, gibt es für das ganze Volk keine Hoffnung.

Dass die Menschen erst einsichtig werden, wenn alles zerstört ist, begreife ich nicht. Ich verstehe auch Gott nicht, dass er den Menschen nicht schon vorher Einsicht schenkt.«

»Ich glaube«, antwortete Hanna, »Gott leidet auch, wenn wir, seine Töchter und Söhne, anderen Gewalt antun, denn er trägt schwer daran. Wir müssen aufpassen, damit Gott in uns nicht zusammenbricht.«

»Gott in uns zusammenbrechen?«, Jesaja starrte Hanna fragend an. »Wie meinst du das?«

»Das Unrecht, das wir schweigend zulassen, laden wir ihm auf«, antwortete Hanna.

»Laden wir ihm auf«, wiederholte Jesaja, als habe Gott mit ihm gesprochen. Alle waren sehr betroffen. »Oft denke ich«, unterbrach Jesaja das Schweigen, »aber das darf ich ja nicht so laut sagen: Wir sollten ein halbes Jahr lang alle Gottesdienste vertagen und Gott dienen, indem wir die Witwen und Waisen zum Essen einladen, die elternlosen Kinder in den Arm nehmen und mit ihnen spielen oder einen Protestmarsch zum Sitz der Regierung machen und das Recht der Stummen einklagen.«

»Keine schlechte Idee«, rief einer aus der Runde, »vielleicht bekämen die Menschen dann wieder Hunger nach dem Wort Gottes.«

Die Abenddämmerung war heraufgezogen und verwischte die Gesichter im Raum. Jesaja stand auf und begann das Herdfeuer zu entzünden. »Ja, ja«, sagte er, »unsere Worte sind wie Schaumkronen auf einer Welle, die alles fortspülen wird.«

»Was«, fragte Susanna, die Freundin von Hanna, »was meinst du mit Welle, die alles fortspült?« Das Feuer prasselte im Ofen, Jesaja stand noch immer davor und schaute in die Flammen. »Wie ein Welle oder ein Flamme, die alles verzehrt.« Langsam drehte er sich um, zog ein Geldstück aus der Tasche und hielt es halb dem Feuer, halb den Gästen in seinem Haus zu. »Seht ihr das Glitzern? Es hat erst die Augen, dann die Herzen der Menschen verblendet. Die Habgier, die nackte Gier nach dem schnellen Geld beherrscht das Leben. Nein, sie ist nicht nackt, die Habgier, sie ist schön gekleidet mit dem pelzigen Gerede vom Wohlstand für alle. Unter dem Samthut der Religion sitzt das berechnende Hirn. Wir selbst müssen uns fragen, wovon wir uns durch unser Opfer freikaufen. Hanna hat recht, das Unrecht, das wir schweigend zulassen, laden wir Gott auf.

Wir stellen uns nun unter den Segen Gottes und werden sowie wir es vermögen, segnend leben. Frommsein heißt Menschsein in Barmherzigkeit. Vergesst das nie!«

Jesaja sprach den Segen und gab dann ein eindeutiges Zeichen ihn jetzt allein zu lassen, er brauche die Ruhe der Nacht.

Nachdenklich ging Hanna durch die Dunkelheit nach Hause. Sie ging – und darüber wunderte sie sich selbst – langsam und ruhig, ohne Hast. Im Hause des Propheten war ihr der Gedanke gekommen, ihre Arbeit bei Jojadas zu kündigen, in ihre Heimat zurückzukehren, dort nach Arbeit zu fragen und sich um die Geschwister Miriam und Sirach zu kümmern.

24. Alle Welt läuft ihm nach

Johannes 12, 12-19

Irgendwie hatte er das Gefühl, als würde sich etwas Entscheidendes ereignen. Oder war es wieder nur dieser Nervenkitzel, gespeist von dem heimlichen Wunsch, einer könnte es an dem hohen Fest wieder einmal wagen, den Römern die Stirn zu bieten?

Jochanan war Tagelöhner, aber er war politisch wachsam und wusste genau: dieser Pontius Pilatus, Stellvertreter des römischen Kaisers in Jerusalem, dieser Pilatus ist ein meisterhafter Ordnungshüter. Seine Taktik, gleichermaßen gefürchtet wie bewundert, ist immer die gleiche: Mit unglaublicher Zielsicherheit pickt er sich den Unruhestifter heraus, verurteilt ihn in einem Schnellprozess und lässt ihn am nächsten Tag ans Kreuz hängen als Abschreckung für jeden, der es wagen sollte, die römische Besatzungsmacht zu provozieren. Seine Taktik bewährte sich. Angst machte sich breit. Der Widerstand ging in den Untergrund.

Würde der Mann aus dem Norden, dieser Jesus aus Galiläa, würde der dem Pilatus endlich zeigen, wer Herr im Land ist? Jesus, der Gottesmann, vor dem nicht einmal der Tod sicher ist.

Jochanan war Nachbar des Lazarus und hatte selbst miterlebt, wie Jesus den toten Lazarus aus dem Grab gerufen hatte.

Bei Jesus hat auch der noch eine Chance, den keiner mehr riechen kann, sprach Jochanan zu sich selbst und reckte den Hals, um Jesus in Begleitung seiner Garde zu sehen. Aber das war eine Enttäuschung auf der ganzen Linie! Der Besieger des Todes kam auf einem Esel dahergeritten, von einer bewaffneten Garde war keine Spur zu sehen!

Jochanan wollte sich schon abwenden und gehen, als seine Frau ihn am Arm fasste. »Genau wie es der Prophet gesagt hat, ganz genau so«, rief sie, »er reitet auf einem Esel!«

Ruth, seine Frau, störte sich offensichtlich nicht an dem Reittier. Im Gegenteil, sie stimmte mit ein in den Begeisterungsruf der Menge: »Hosianna, gelobt sei, der da kommt in dem Namen des Herrn, der König von Israel!«

»Mit dem wird Pilatus leicht fertig«, rief Jochanan empört seiner Frau zu. Sie aber ließ sich in ihrer Freude nicht bremsen, sie lachte: »Wie sollen die Römer mit dem fertig werden, der im Namen Gottes Tote lebendig macht?«, entgegnete sie und winkte mit ihrem Palmzweig dem heranreitenden Jesus zu.

Jochanan schüttelte nur den Kopf. Seine ganze Vorstellung vom Endsieg Gottes geriet durcheinander. Wie sollte Gott siegen ohne Waffen, ohne Soldaten, ohne Streitwagen, ohne Kampfpferde?

Hoffentlich, so dachte Jochanan, hoffentlich bekommt Pilatus den Auftritt dieses sanftmütigen Gottesmannes auf dem Esel, hoffentlich bekommt Pilatus dies nicht als Provokation in den falschen Hals.

Jetzt ritt Jesus ganz dicht an ihm vorbei. Die Männer und Frauen, die direkt hinter dem Esel hergingen, das mussten offensichtlich seine Freunde und Freundinnen sein.

Wenige Meter weiter blieb der Esel bockig stehen und fraß einer Frau Äpfel aus dem Korb. Sofort schlug einer der Freunde des Jesus mit einem Stock auf das Tier ein. So wie der dreinschlägt, ist er wohl auch nicht mit einem Esel als Reittier des umjubelten Jesus einverstanden, dachte Jochanan. Dabei beobachtete er, wie Jesus sofort die Hand hob und, ohne ein Wort zu sagen, dem Schlagenden Einhalt gebot. Dann kraulte Jesus das Eselsfell und wartete geduldig, bis sein Tier weitertrabte.

Jochanan spürte, wie sich alle Gedanken in seinem Kopf drehten: Wenn der Jesus doch wenigstens ein Pferd genommen hätte! Wir werden sehen, dachte Jochanan und wollte schon einen der frommen Männer ansprechen, die an der Hausecke standen und lebhaft diskutierten. Ob so wirklich der Messias käme, wollte er sie fragen, aber er hatte nicht den Mut dazu. Im Vorbeigehen schnappte er einige Gesprächsfetzen auf. »Alle Welt läuft ihm nach«, rief einer der Männer! Die schienen ziemlich verärgert zu sein. Jochanan ging weiter. Er verstand diese ganz Frommen sowieso nicht. Sie waren ihm irgendwie fremd.

Alle Welt läuft ihm nach, hatte der Mann vorhin gesagt. Merkwürdig, wie ihn dieses Wort beschäftigte. Nein, Jochanan hatte es genau gehört, der Mann hatte nicht gesagt: Ganz Jerusalem oder ganz Israel, nein, »alle Welt« hatte der fromme Mann gerufen. War das nicht reichlich übertrieben? Oder hatten diese frommen Männer nicht doch so etwas wie einen Weitblick?

Beim Mittagessen schüttelte Jochanan immer wieder den Kopf. »Ich verstehe das nicht«, sagte er leise.

Ruth spürte, Jochanan war in Gedanken immer noch in Jerusalem. »Du bist enttäuscht«, sagte sie und rückte näher zu ihm hin. »Du hast dir alles ganz anders vorgestellt.« Jochanan nickte. »Ich auch«, sagte Ruth, »aber heute Morgen habe ich entdeckt: Gott geht andere Wege als die Könige dieser Erde. Auf einem Esel ist Jesus in Jerusalem eingeritten. Damit ist doch alles gesagt.«

»Wieso alles gesagt?«, fragte ihr Mann. »Jesus bringt Frieden, indem er auf Herrschaft verzichtet. Darum ist er in Wahrheit der König Israels, denn – das wissen wir beide – es kann auf Dauer keinen Frieden geben zwischen den herrschenden Unterdrückern und den Unterdrückten und Erniedrigten. Erinnerst du dich«, fuhr Ruth fort, »als unser Sohn Ephraim aus dem Haus ging, um sich den Zeloten, den Widerstandskämpfern gegen die Römer, anzuschließen. Da wusste ich genau: Der kommt nicht mehr lebend zurück. Ich habe nach seinem Abschied von uns beiden viel nachgedacht. Große Veränderungen wie Frieden, gerechte Landverteilung oder Gleichberechtigung kommen nicht von oben. Die Regierenden verbünden sich in der Regel mit den Reichen und umgekehrt. Tagelöhner, so wie wir, sind bestenfalls billige Arbeitskräfte. Wer wirklich etwas verändern will, der muss die Herzen der Menschen erreichen, ihre Gedanken, ihre Gefühle kennen. Er muss sich mit ihrer Sehnsucht verbünden, mit ihrer Sehnsucht nach Leben, nach Geborgenheit und Wärme, nach Frieden und Gerechtigkeit. Verstehst du, die Sehnsucht ist schon ein Licht auf dem Weg zum Leben.«

Jochanan war ganz still geworden. »Und was hat das jetzt mit diesem Jesus zu tun, mit seinem armseligen Auftritt heute Morgen?«, fragte er.

»Da hast du Recht«, entgegnete Ruth, »verglichen mit den Auftritten der Machthaber dieser Erde war sein Einzug in Jerusalem armselig. Aber du vergisst dabei, dass die Mächtigen über Leichen gehen. Die Macht des Kaisers in Rom beruht auf seinen Eroberungskriegen, auf der Ermordung unzähliger unschuldiger Menschen. Kannst du noch zählen, wie viele Menschen Pilatus hier in Jerusalem foltern und am Kreuz ermorden ließ?« Ruth schwieg. »Hast du die Witwe neben uns beobachtet, wie liebevoll sie heute Morgen ihre Strickjacke auf die Straße gelegt hat?«, fragte Ruth leise.

»Diese Frau hat erkannt: Jesus ist die Hoffnung der Armen, der Geschundenen, der Rechtlosen. Wie sagte doch der Prophet? ›Gott kommt, und die im Schatten des Todes wohnen, werden das Licht des Lebens sehen.‹ Und: ›Es wird nicht dunkel bleiben über denen, die in Angst sind.‹ Dieser Jesus hat sich von den Drohungen der Mächtigen nicht einschüchtern lassen. Er ist keine Kompromisse eingegangen, als es um die Frage der bedingungslosen Liebe Gottes zu den Armen ging. Er hat den Menschen im Namen Gottes Macht zugesprochen, die Macht des Vertrauens, dass es auch für sie ein Recht auf Leben, auf Gesundheit, auf Arbeit, auf gerechten Lohn, auf Ansehen und Würde gibt. Verstehst du, erst wenn wir, die Menschen ganz unten, wieder den Mut haben, unsere eigenen Füße zu gebrauchen und dann zusammenstehen, dann sind wir stark. Dann ist keine, keiner allein. Hast du beobachtet, wie Jesus auf dem Esel saß?«

»Ja, wie soll er da gesessen haben? Wie ein Stallknecht, ein bisschen komisch, wie seine langen Beine auf den Seiten baumelten«, antwortete Jochanan. »Du darfst nicht nur auf die Beine sehen. Hast du sein Gesicht gesehen?«»Ich weiß nicht, er saß ziemlich aufrecht«, erwiderte Jochanan.

»Sein Blick«, sagte Ruth und schaute dabei aus dem Fenster, »sein Blick! Er blickte in die Weite. So, als wollte er sagen: Wenn du nur auf das Unmittelbare, vor dir Liegende, fixiert bist, gerätst du leicht in Abhängigkeit davon. Du darfst den weiten Horizont nicht aus den Augen verlieren. Nur Weitblick ermutigt zum nächsten Schritt.«

Ruth machte eine Pause. Mit ruhiger Stimme sprach sie dann weiter.

»Als die Römer uns Ephraim vor die Tür warfen, bis zur Unkenntlichkeit entstellt und misshandelt, habe ich zuerst einen unbändigen Hass verspürt. Am liebsten wäre ich selbst sofort für unseren toten Ephraim in die Berge gegangen, um mich an den Römern zu rächen. Heute, als ich den Mann aus Nazareth auf dem Esel sah und all die jubelnden Menschen, da kam mir auch zuerst der Gedanke: Der wird es den Römern hoffentlich zeigen. Aber die Witwe neben uns mit ihrer Strickjacke, die hat mir einen anderen Weg gezeigt. Der Weg dieses Jesus ist liebende Hingabe an uns Menschen. Er befreit uns zur liebenden Hingabe. Er befreit auch dazu, Hingabe anzunehmen, sie sich schenken zu lassen«, sagte Ruth ganz leise.

»Er opfert nicht das Leben anderer, um Frieden zu bringen. Sein eigenes Leben setzt er ein, das ist die Grundlage seiner Friedensordnung.« Eine Woche später kam Jochanan enttäuscht und wütend aus der Stadt Jerusalem, wo er noch die letzten Dinge für das Fest besorgt hatte, nach Hause.

»Genau wie ich es befürchtet habe«, sagte er zu Ruth: »Pilatus hat spitze Ohren gekriegt und Jesus bei Nacht und Nebel verhaften lassen. Er war dann wohl doch nicht ganz so hundertprozentig von der Gefährlichkeit dieses sanften Jesus überzeugt. Das Volk sollte deshalb entscheiden, wer dem Tod von der Schippe springen durfte: Jesus oder der Straßenräuber Barabbas.«

»Und?«, fragte Ruth.

»Kreuzige ihn, kreuzige ihn, haben sie geschrien, als Pilatus den Jesus vortreten ließ. Erst waren es nur wenige, dann immer mehr.«

»Und du?«, fragte Ruth ihren Mann, »was hast du geschrien?«

»Was hätte ich schreien sollen?«, entgegnete der in ziemlich gereiztem Ton. »Was hätte ich schreien sollen? Nichts von dem, was wir uns nach seinem triumphalen Einzug in Jerusalem erhofft hatten, nichts, aber auch gar nichts von allen Hoffnungen, hat er eingelöst.«

»Du hast also mitgeschrien?«, fragte Ruth.

Jochanan nickte. »Was hätte ich denn als Einzelner machen können?«, fügte er in leiserem Ton hinzu. »Du machst dich ja schon verdächtig, wenn du still dabeistehst.«

»Siehst du«, begann Ruth, »wenn du von einem Menschen etwas erwartest, das er selbst gar nicht tun oder sein will, dann bist du enttäuscht und ziehst dich von ihm zurück. Dann lässt du ihn fallen. Bei deiner Erwartung hast du wohl mehr an dich selbst als an ihn gedacht. Erinnere dich noch mal an seinen Einzug in die Stadt vor einer Woche. Viele, sowohl Kinder, Frauen, Männer wie du winkten ihm mit Palmzweigen, den Symbolen des Friedens, zu. So hat es der Prophet beschrieben: Siehe, dein König kommt zu dir, ein Gerechter und ein Helfer, arm ist er und reitet auf einem Esel. Das geduldige Tragen war seine Stärke, nicht das Abladen der Lasten auf andere.«

Jochanan wurde ganz still und staunte, wie genau sich Ruth in den heiligen Schriften auskannte. Sie ist eine kluge Frau, dachte er, aber er schämte sich, ihr das zu sagen. »Er hat ihn zum Tode verurteilt«, sagte Jochanan wie abwesend.

Ruth schwieg und schaute lange auf ihre abgearbeiteten, schrundigen Hände. »Wir müssen lernen, auf unsere Herzen zu hören«, begann sie und sprach ganz langsam. »Unsere Augen lassen sich leicht blenden, unsere Ohren sind betäubt vom Lärm und vernehmen nicht mehr die leisen Stimmen. Unser Mund plappert schnell nach, aber unsere Herzen, mit ihnen müssen wir wieder sehen, hören und reden lernen. Ich glaube, dazu hat Jesus uns ermutigen und befreien wollen, im Namen unseres Gottes, den wir den Befreier von allen tödlichen und lähmenden Bindungen nennen. Erinnerst du dich noch? Damals, als wir bei Maria und Martha mit am Tisch saßen und Jesus von Gott sprach. Hattest du dabei nicht auch das Gefühl, als sei der barmherzige, gnädige, geduldige und gütige Gott mitten unter uns? Hat uns dieser Jesus nicht immer wieder dazu ermutigt, in der Gegenwart Gottes zu leben, jetzt heute einander liebevoll in den Arm zu nehmen und Vertrauen zu schenken? Während alle auf Gott warteten, hat er, Jesus, uns eingeladen, als Gottes Töchter und Söhne seine Gegenwart zu feiern. ›Ihr seid mehr geliebt, als ihr wisst‹, wie oft hat er uns das gesagt? Sie werden ihn umbringen, aber das neue Leben aus Gott, das er uns vorgelebt hat, zum dem er dich und mich eingeladen hat, dieses Leben aus Gott können sie nicht töten.«

Die kennt den Pilatus nicht, dachte Jochanan, nahm seine Hacke und ging hinaus aufs Feld. In der Tür drehte er sich noch einmal um: »Ich brauche Ruhe, um über alles nachzudenken. Beim Beackern des Feldes habe ich dazu am besten Zeit.«

Draußen auf dem Feld schob sich immer wieder der eine Satz in seine Gedanken: Alle Welt läuft ihm nach. Er passte sich dem Rhythmus seiner Hacke an. »Alle Welt läuft ihm nach«, Jochanan sagte den Satz laut vor sich hin. Sollten die frommen Männer wie Propheten gesprochen haben? Vielleicht hatten beide Recht, Ruth und die frommen Männer? Wie hatte Ruth doch gesagt? ›Sie werden ihn umbringen, aber das neue Leben aus Gott, zu dem er uns eingeladen hat, können sie nicht töten.‹ Ob eines Tages wirklich die Menschen in aller Welt diesem Jesus nachfolgen werden?

25. Keiner darf hungrig bleiben!

1. Korinther 11, 17-26

Priska schaute immer wieder zu ihrer Schwester hinüber und zeigte auf die Uhr. Würden die fünf vom Hafen heute wohl wieder zu spät kommen? Die anderen Gäste, 23 hatte Priska gezählt, hatten bereits mit dem Essen begonnen. Priska und Aquila kannten die allermeisten mit Namen und wussten, wo sie wohnten und arbeiteten.

Sie alle trafen sich jetzt schon ein ganzes Jahr lang jeden Abend bei Priska und Aquila in dem schönen großen Haus zum gemeinsamen Abendessen und zum Mahl des Herrn. Eine bunt gemischte Gruppe waren sie. Da saßen einfache Handwerker neben sehr wohlhabenden Bürgern, Sklaven neben freien Arbeitern, ganze Familien waren zu Gast und viele Alleinstehende. Jeden Abend mischten sich auch einige Hungerleider aus dem Slumgebiet um den Hafen in die Runde. Es waren immer wieder andere, die einfach Hunger hatten und sich einmal richtig satt essen wollten. Vor allem Aquila war es, die sich um diese Hungerleider kümmerte und darauf achtete, dass sie von allem genug bekamen. Sie fragte nie jemanden nach seinem Namen, wenn er oder sie ihn nicht von sich aus nannte. Von den Speisereste gab Aquila ihnen einiges mit. »Für eure Freunde«, sagte sie dann und nickte ihnen freundlich zu.

Aber sehr oft blieb nichts übrig. Und genau das war der Grund, warum sich die beiden Gastgeberinnen so viel Sorgen machten. Je länger das Essen dauerte, umso besser schmeckte es den Gästen. Manche griffen zwei- oder gar dreimal zu. Obwohl sie alle sehr verschieden waren, hatten sie sich alle taufen lassen und waren Christen geworden. Einige der Gäste waren früher Juden, andere Anhänger einer geheimnisvollen Mysterienreligion, die meisten aber Heiden gewesen.

»Wir gehören zusammen zu einer Gemeinde. Jede und jeder ist gleich wichtig. In der christlichen Gemeinde sind alle wertenden Unterschiede, die sonst gelten, aufgehoben.« Darin waren sich alle einig.

Nein, es war auch nicht so, dass Priska und Aquila allein für das Essen gesorgt hätten. Wer konnte, brachte etwas zum Essen mit, das war selbstverständlich. Auch bei der Hausarbeit halfen alle mit. Das Essen wurde oft unterbrochen von einem Lied, einem Psalm, einer Geschichte von Jesus oder auch einem Wort Jesu, das einem der Gäste gerade einfiel. Es war wie an jenem Abend eine fröhliche, ja fast ausgelassene Runde beisammen:

»Hoffentlich kommen sie bald«, flüsterte Priska ihrer Schwester zu. »Es ist heute ziemlich windstill«, antwortete Aquila, »die Schiffe werden Verspätung haben.«

In der letzten Zeit war es oft vorgekommen, dass die fünf Sklaven, die im Hafen arbeiteten, noch einige Schiffe entladen mussten und deshalb erst spät zur Gemeinde kamen. Ein paar Mal war es auch schon vorgekommen, dass sie nur noch leere Schüsseln vorfanden. Ja, so war es auch an diesem Abend, als die fünf müde und hungrig in die Hausgemeinde von Priska und Aquila kamen. Freudig wurden sie begrüßt.

»Jetzt können wir endlich mit dem Mahl des Herrn beginnen«, rief Claudius, der Beamte aus der römischen Verwaltung. Er hatte schon viel getrunken und war ziemlich in Stimmung. Aquila versuchte in der Küche noch ein paar Reste zusammenzukratzen. Aber mehr als einige Scheiben Brot waren nicht übrig geblieben.

Rufus, der Töpfermeister, kam zu ihr in die Küche und drängte: »Kommt doch endlich, damit wir anfangen können.«

»Die fünf haben doch noch nicht einmal gegessen«, wollte Priska entgegnen, als Rufus ihr ins Wort fiel: »Sie sind doch gerade richtig zum Abendmahl gekommen, die Hauptsache ist doch das Mahl unseres Herrn, da sollten schon alle dabei sein.«

Priska war entsetzt. Sie verstand ihn nicht. Wie konnte man das Herrenmahl feiern, wenn einige noch Hunger hatten? Für sie gehörte beides untrennbar zusammen: Sich miteinander satt zu essen, dabei fröhlich zu sein und das Abendmahl zu feiern. Gemeinde des Christus sein, dachte Priska, das heißt doch, alles miteinander zu teilen und so die Gegenwart des auferstandenen Jesus zu erleben. Er ist doch nicht irgendwo, sondern wirkt durch uns. Wir alle miteinander sind sein Leib.

»Hast du nicht ihre Augen gesehen, wie sie auf die leeren Schüsseln geschaut haben?«, erwiderte Priska, aber Rufus hörte sie nicht, er war bereits zurückgegangen zu den Gästen, die den Lobgesang anstimmten, als Priska dazutrat.

Ja, und dann verlief alles wie gewohnt, sie feierten das Mahl des Herrn, verabschiedeten sich und gingen nach Hause.

»Das darf nicht wieder vorkommen«, sagte Priska kurz vor dem Einschlafen zu ihrer Schwester. »Es darf einfach nicht mehr vorkommen, dass die fünf Sklaven aus dem Hafen mit hungrigem Magen das Abendmahl feiern müssen, weil wir ihnen alles weggegessen haben.« Priska nahm sich ernsthaft vor, am darauffolgenden Sonntag, wenn alle Zeit hatten, das Problem des gemeinsamen Essens und der anschließenden Abendmahlsfeier offen anzusprechen. Am Sonntag hatten die fünf Sklaven frei, weil Aquila und Priska dem Besitzer des Schiffes jedes Jahr eine größere Summe Geld gaben, und die Sklaven damit von der Sonntagsarbeit freikauften. Die beiden Schwestern hatten auch schon überlegt, die Sklaven ganz auszulösen, aber dafür reichte ihr Einkommen bei weitem nicht.

Für die beiden gastgebenden Schwestern Priska und Aquila verlief das sonntägliche Gespräch dann ziemlich enttäuschend. Wie sie befürchtet hatten, gab es zwei Gruppen. Die einen, die reicheren Gemeindemitglieder sagten, das gemeinsame Abendessen sei Nebensache, das

Abendmahl sei die Hauptsache. Und so verteidigten sie sich, sie würden mit dem Abendmahl immer warten, bis alle mit am Tisch säßen.

Priska und ihre Schwester sowie die Arbeiter und Sklaven vom Hafen vertraten dagegen die Meinung, das gemeinsame Essen und das Abendmahl gehörten untrennbar zusammen. Beim Essen und Feiern würden sie Gemeinde des Herrn Jesus Christus sein.

Da man sich nicht einigen konnte, beschlossen sie, einen Brief an Paulus zu schreiben und ihn um ein klärendes Wort zu bitten.

Es dauerte keine vier Wochen, da war der Brief von Paulus da.

Es war wiederum ein Sonntag. Priska hatte alle zuerst ins Wohnzimmer geführt. Sie, die Leiterin der Hausgemeinde, las dann die entscheidenden Sätze aus dem Paulusbrief vor:

»Dies aber muss ich befehlen: Ich kanns nicht loben, dass ihr nicht zu eurem Nutzen, sondern zu eurem Schaden zusammenkommt.

Zum ersten höre ich: Wenn ihr in der Gemeinde zusammenkommt, sind Spaltungen unter euch; und zum Teil glaube ichs.

Denn es müssen ja Spaltungen unter euch sein, damit die Rechtschaffenen unter euch offenbar werden.

Wenn ihr nun zusammenkommt, so hält man da nicht das Abendmahl des Herrn.

Denn ein jeder nimmt beim Essen sein eigenes Mahl vorweg, und der eine ist hungrig, der andere ist betrunken.

Habt ihr denn nicht Häuser, wo ihr essen und trinken könnt? Oder verachtet ihr die Gemeinde Gottes und beschämt die, die nichts haben? Was soll ich euch sagen? Soll ich euch loben? Hierin lobe ich euch nicht.

Denn ich habe von dem Herrn empfangen, was ich euch weitergegeben habe: Der Herr Jesus, in der Nacht, da er verraten ward, nahm er das Brot, dankte und brachs und sprach: Das ist mein Leib, der für euch gegeben wird; das tut zu meinem Gedächtnis.

Desgleichen nahm er auch den Kelch nach dem Mahl und sprach: Dieser Kelch ist der neue Bund in meinem Blut; das tut, sooft ihr daraus trinkt, zu meinem Gedächtnis.

Denn sooft ihr von diesem Brot esst und aus dem Kelch trinkt, verkündigt ihr den Tod des Herrn, bis er kommt.« (1. Kor. 11, 17-26) Alle waren tief betroffen.

»Paulus erinnert uns an Jesus«, unterbrach Priska das Schweigen. »Bei ihm, so habe ich gehört, bei Jesus war das gemeinsame Essen immer eine Mahlzeit für alle. Alle waren eingeladen und immer wurden alle satt. Hunger war bei ihm nie Nebensache. Maria aus Magdala, die Apostelin hat uns erzählt, bei den Tischgemeinschaften mit Jesus fühlten sich jede und jeder als Tochter oder Sohn des lebendigen Gottes angenommen und verstanden.

Beim letzten Abendmahl, von dem Paulus hier spricht, saß selbst Judas, der Verräter, noch mit am Tisch.«

»Schade«, fügte Junia, die Diakonin der Gemeinde hinzu, »schade, dass die alte Sitte vergessen wurde, vor dem gemeinsamen Essen das Brotwort, und nach dem Essen das Kelchwort zu sprechen. Das Abendmahl hält doch, recht verstanden, Leib und Seele zusammen, Brot des Lebens und Brot des Leibes; Wein, das Getränk der Freude und die Erinnerung daran, dass Jesus uns die bedingungslose Liebe Gottes vorgelebt hat und darum sterben musste, sein Blut vergoss.«

»Ja«, warf Rufus ein, »Leib und Blut Jesu, das heißt doch sein ganzes Leben, alles, was er gesagt, getan, erlebt und erlitten hat, alles ist für uns geschehen, damit wir zum Leben im Vertrauen auf Gott ermutigt werden.«

»Mir leuchtet das sehr ein«, antwortete Aquila, »nur ist mir alles noch zu abstrakt, mir fehlt noch der wichtige Hinweis, dass wir eingeladen sind zu essen, zu kauen, zu verdauen.«

»Versteh ich nicht«, rief Rufus dazwischen.

»Ist doch ganz einfach«, entgegnete Aquila: »Das Brot, das wir essen, verdaut unser Körper und wandelt es um in körpereigene Substanz, in Haut und Haare, in Lebenskraft und Körperwärme. Ebenso den Wein. Genauso sollen wir alles, was Jesus gesagt und getan hat, in uns aufnehmen und daraus Mut, Hoffnung, Zuversicht und Trost gewinnen. Wenn ihr so wollt, wir sollen ihn verleiblichen, so wie ER in der Gegenwart Gottes leben. Gott möchte durch uns Fleisch und Blut, Hand und Fuß, Augen und Ohren werden.«

»Da kann ich mich gut anschließen«, sagte Achaikus, der schüchterne Sklave. »Gäste des Gekreuzigten sind wir doch nicht nur in den wenigen Stunden unseres Beisammenseins. Wenn ich hier mit euch das Abendmahl feiere, dann sehe ich den gekreuzigten Christus vor mir. Und sein Bild überschneidet sich mit den Gesichtern meiner Mitsklaven, der gequälten, gekrümmten, ihrer Menschenwürde braubten Männer und Frauen im Slumgebiet rings um den Hafen. Während ich noch hier bei euch sitze, bin ich oft in Gedanken schon wieder bei ihnen und überlege, wie ich die Barmherzigkeit Gottes, die ich hier erfahre, weitergeben kann.«

»Wie du das so sagst«, begann Justus, der Schreiber bei der Hafenverwaltung, »wie du das so erzählst von deinen Mitsklaven, fällt mir ein: Paulus schreibt doch: ›In der Nacht, als Jesus verraten wurde, nahm er das Brot.‹ Die Not war gegenwärtig und die Not der Welt muss gegenwärtig bleiben, wenn wir das Mahl des Herrn feiern.«

»Wenn wir fünf hier sind«, warf Erastus, der andere Sklave ein, »wenn wir hier sind, dann ist immer die Not da.« Er brachte den Satz kaum zu Ende, so tief bewegt war er innerlich. »Deshalb«, fuhr Erastus fort, »deshalb tut es uns so weh, wenn wir spät von der Arbeit kommen, und ihr habt alles aufgegessen.«

Wieder war es ganz still in dem engen Wohnzimmer.

Diesmal war es Aquila, die die Stille unterbrach.

»Paulus hat Recht«, sagte sie, »wir feiern das Abendmahl unwürdig, wenn wir die Not ausblenden, den Hunger nicht ernst nehmen, zur Sklaverei schweigen, die Ausnutzung und Demütigungen von Frauen übersehen. Die traurigen Augen der verstossenen Kinder und die schwielenbedeckten Hände der entlassenen Arbeiter dürfen uns nicht gleichgültig sein. Das Mahl unseres Herrn Jesus Christus würdig zu feiern heißt doch wohl, wie unser Herr den dämonischen Mächten Widerstand zu leisten. Den Mächten, die unseren Herrn ans Kreuz genagelt haben: Herrschaft von Menschen über Menschen, Feigheit, Habgier, Vertrauen auf Waffen, Drohung mit Gewalt, Verweigerung von gerechtem Lohn, um nur einige dieser Mächte beim Namen zu nennen.«

Gajus, der andere Sklave, nickte zustimmend. »Ja«, sagte er, »dem, was Aquila gesagt hat, stimme ich zu. Aber es ist für mich noch nicht alles. Ihr glaubt gar nicht, wie sehr ich mich jedesmal auf den Abend hier bei euch freue. Hier kann ich vergessen, abschalten, mich ausruhen, Kraft schöpfen. Hier findet meine Seele zu Gott. Jesus hat doch auch gesagt: ›Kommet her zu mir alle, die mühselig und beladen seid. Ich will euch erquicken.‹ Ich brauche dieses Eintauchen in das Gefühl des Angenommenseins und der Geborgenheit.

Doch mit hungrigem Magen fühle ich mich nicht angenommen. Ich bitte euch dafür zu sorgen, dass wir, auch wenn wir zu spät kommen, noch satt werden.«

»Und ich«, begann Thyphosa, die Putzfrau aus den Markthallen, »ich warte jeden Abend auf den Zuspruch der Vergebung. Ich komme einfach nicht darüber hinweg …« Tränen erstickten ihre Stimme.

Julia stand auf und legte den Arm um Thyphosa.

»Mir geht es ganz ähnlich wie dir«, sagte sie leise. »Beim Abendmahl dürfen wir mit unserer Vergangenheit Frieden schließen. Wo immer Menschen mit Jesus am Tisch saßen, feierten sie den Anfang des neuen Lebens. Weißt du, ich freue mich darüber, dass Jesus mich in seine Nähe gerufen hat, dass ich zu ihm kommen kann, so wie ich bin. Und dass er zu mir kommt, in mir wohnen will. Abendmahl miteinander feiern heißt für mich: Wir dürfen vor Gottes Angesicht miteinander leben und fröhlich sein.«

»Manchmal«, sagte Julia leise, »manchmal ist da auch viel Angst und Erschrecken in mir, viel Scheu. Ich bin dann wie verschlossen.«

»Ja«, sagte Priska, »das ist auch für mich das Wichtigste bei unseren Mahlfeiern: Ob du traurig bist oder fröhlich, verbittert oder heiter, enttäuscht oder zuversichtlich, du darfst so sein wie du bist. Wir tragen einander, weil wir alle von Christus, der in unserer Mitte ist, getragen werden. Indem wir uns gegenseitig in unserer Verschiedenheit annehmen, sind wir Gemeinde des Auferstandenen.«

Claudius, Chef der Lagerhallen am Hafen, räusperte sich: »Wenn wir hier schon alles sagen dürfen, dann möchte ich doch auch noch loswerden, was mich stört! Wir sind ja heute Abend ausnahmsweise unter uns«, sagte er und blickte noch einmal prüfend in die Runde, ob auch kein Fremder mithörte. »Mich stört es schon seit langem, dass sich aus dem Slumgebiet um den Hafen immer wieder Frauen und Männer ungefragt in unsere Runde mischen. Es sind, wie man ja weiß, nicht gerade die Anständigsten unter den Armen, um es einmal vorsichtig auszudrücken. Wir sollten das ändern.«

Einen Augenblick lang war es totenstill.

Dann stand Stephanus auf. Er war einer der Ältesten in der kleinen Hausgemeinde von Priska und Aquila, Fischer von Beruf. Stephanus war kein Mann der großen Worte. Aber er hatte ein feines Gespür für Gefahren dere Gemeinde. »Im Gebet, das unser Herr am Kreuz gebetet hat, steht: *Die Elenden sollen essen, dass sie satt werden.* Wenn wir diese ungerufenen Gäste des Gekreuzigten aus unserer Mitte ausschließen, schließen wir Christus selbst aus. Dann haben wir kein

Recht mehr, das Abendmahl des Gekreuzigten zu feiern. Denn am Tisch Jesu saßen und sitzen immer nur solche, die es nicht verdienen. ›Wo Christen zusammenkommen, muss Nestwärme durchbrochen werden‹, hat einmal ein kluger Mann gesagt.«

Aquila stand auf und nahm Stephanus lange in den Arm. Alle waren sehr betroffen.

»Ich glaube«, rief Priska in das Schweigen hinein, »ich glaube, wir können jetzt wieder das Abendmahl feiern. Kommt, denn es ist alles bereit.« Sie stand auf und führte alle an die festlich gedeckte Tafel im großen Speiseraum.

26. Eine Klingel gab es nicht

Offenbarung 3, 20

Erkan spielte am liebsten Fussball. Aber in letzter Zeit regnete es meistens. Dann saß Erkan mit seinem älteren Bruder Hasan und seiner kleinen Schwester Mirjam am Tisch und spielte »Mensch, ärgere dich nicht«. Leider ärgerte sich Erkan oft so sehr, dass er voller Zorn alle Figuren vom Tisch fegte.

Ja, Erkan war, wie sagte man doch?, ein richtiger Lausbub.

Vor ein paar Tagen hatten sie bei Beckers nebenan auf der kleinen Wiese Fußball gekickt. Und dann hatte Erkan das Küchenfenster der Familie Becker getroffen.

Herr Becker war mit knallrotem Kopf aus dem Haus gerannt. Er hatte mächtig geschimpft. »Türkenpack«, hatte er ihnen nachgerufen, und sie sollten doch da spielen, wo sie hergekommen seien.

Erkans Vater hatte das Fenster am Abend zu seinem Freund, dem Glaser Tom, gebracht. Der hatte sofort eine neue Scheibe eingesetzt. Mit einem großen Blumenstrauß und dem heilen Fenster war Erkans Vater dann zu Beckers gegangen und entschuldigte sich für ihn.

Am nächsten Morgen sah Erkan den Blumenstrauß bereits auf dem Komposthaufen in Beckers Garten. Erkan hatte es nicht gewagt, dem Vater davon zu erzählen. Aber weh getan hatte es ihm doch.

Es war am Samstag vor dem ersten Advent. Seit Tagen hatte es geregnet. Erkan hatte bereits seine Hausaufgaben gemacht. Er saß in der Küche und wartete auf den Vater.

»Vater«, sagte Mutter, »Vater kommt heute erst ziemlich spät nach Hause. Er musste für einen kranken deutschen Kollegen einspringen und einen Teil der Spätschicht übernehmen.«

Schade! Sonst hätte sein Vater ihn heute Abend zum Bahnhof in der

Stadt mitgenommen. Dort traf sich sein Vater oft mit seinen Landsleuten. Erkan spielte dann mit den Kindern um den Bahnhof »Suchen und Verstecken«.

Mit mürrischem Gesicht schlüpfte Erkan in seine Regenjacke und setzte die Mütze auf.

»Ich gehe mal schnell zu Schneiders, vielleicht ist Michael zu Hause«, rief Erkan seiner Mutter zu.

Michael Schneider war Erkans bester Freund. Er wohnte am anderen Ende des Dorfes, in einem ebenso alten Haus wie Erkan. Das Klo war außerhalb um die Ecke des Hauses platziert. Bei Schneiders war immer was los. Vier Kinder mit ihrer Mutter, aber kein Vater zu Hause. Man konnte kommen, wann man wollte, fast immer stand bei Schneiders die Haustür offen. Eine Klingel gab es nicht.

Im dunklen Flur wäre Erkan beinahe über die vielen Tannenzweige gestolpert.

Michael stand mit seinen Geschwistern und der Mutter am Küchentisch. »Das wird ein Adventskranz«, rief Michael und zeigte mit der einen Hand auf den Adventskranz, mit der anderen winkte er Erkan herein. Kaum stand Erkan am Tisch, da drückte ihm Birgit ein paar Tannenzweige in die Hand: »Hier, halt mal bitte, damit ich den Draht drumwickeln kann.« So wurde der Kranz immer dicker und runder. Zum Schluss steckte Mutter Schneider vier große, rote Kerzen auf, band die roten Bänder um, und dann wurde der Kranz an der Decke aufgehängt. Erkan stand mit großen Augen dabei. Noch nie hatte er mitgeholfen, einen Adventskranz zu binden. Frau Schneider sah seine großen fragenden Augen.

»Ich glaube«, rief sie, »wir müssen dem Erkan erklären, warum wir einen Adventskranz gebunden haben! Aber erst räumen wir auf! Die restlichen Tannenzweige aufs Rosenbeet, alles Übrige auf den Komposthaufen.«

Mutter Schneider ging, solange die Kinder aufräumten, in die Küche und kochte Tee. Draußen begann es dunkel zu werden.

Als Mutter Schneider mit dem langen Hefezopf und der Teekanne die Wohnstube betrat, hatte Michael bereits den Tisch gedeckt. Jetzt kam der spannendste Augenblick: Wer durfte dieses Jahr die erste Kerze anzünden?

Eigentlich war Birgit an der Reihe. Aber Mutter erinnerte die Kinder an eine alte Regel: Wenn ein Gast oder Freund zu Besuch war, durfte der Gast die erste Kerze anzünden.

Ihr hättet es alle sehen sollen, wie Erkans Hände zitterten, als er die Streichhölzer in die Hand nahm. Dreimal versuchte er es, so aufgeregt war er. Aber dann, dann brannte die erste Kerze.

»Ein Adventskranz«, begann Mutter Schneider langsam zu erzählen, »ist ein Siegeskranz. Im Vertrauen auf Gott werden wir unsere Angst vor den dunklen Abenden besiegen. Gott hat sogar den Tod besiegt. Wir binden einen Adventskranz aus grünen Tannenzweigen, damit kein Mensch ohne Hoffnung sterben muss. Es wird, sagt der Prophet Jesaja, nicht dunkel bleiben über denen, die in Angst sind! Und wir binden rote Bänder um den Kranz, denn nur, wenn wir zusammenhalten, sind wir stark. Die Kerzen sind ein Zeichen für Christus, das Licht der Welt. Wer ihm begegnet, in dessen Leben wird es hell. Wir brauchen vier Kerzen, denn nach vier Sonntagen feiern wir den Geburtstag Jesu. Mit ihm ist uns Gott ganz nahe gekommen, wie ein Vater seinem Sohn.«

Michael stand da und sperrte Augen und Ohren weit auf. Er selbst hatte auch nicht alles gewusst. Mutter konnte vieles so einfach erklären! »Und warum Adventskranz?«, fragte Erkan. »Oh«, rief Mutter und lachte. »Dafür gibt es ganz komplizierte Erklärungen. Für mich bedeutet Advent: Jeden Morgen klopft Gott an unsere Tür und fragt, ob er eintreten darf. Gott wohnt da, wo man ihn einlässt.«

Aha, dachte Erkan, deshalb steht bei Schneiders die Haustür meistens offen.

Mutter Schneider schaute Erkan lange an: »Allah wohnt da, wo man ihn einlässt«, sagte sie mit fester Stimme.

»Allah«, rief Birgit dazwischen. »Wer ist Allah?«

»Allah heißt in unserer Sprache Gott«, antwortete Erkan. Mutter nickte. »Wir beten alle zu demselben Gott, nur rufen wir ihn mit verschiedenen Namen. Aber es gibt nur den einen Gott, den Schöpfer von Himmel und Erden, und wir alle sind seine Kinder, Schwestern und Brüder.«

Als Erkan mit seiner brennenden Kerze nach Hause kam, wunderten sich seine Eltern sehr. Erkan erklärte ihnen alles ganz genau.

»Und«, rief er zum Schluss, »ich habe Schneiders eingeladen, im kommenden Jahr das Bairamfest mit uns zu feiern.« Erkan stockte, sah seine Mutter mit großen flehenden Augen an: »Mama bitte, bitte.« Erkans Mutter nahm ihn in die Arme und sagte: »Ich glaube, wir beide hatten gerade denselben Gedanken!«

Bei Schneiders wurde viel gerätselt, was das Bairamfest wohl sei. Bis schließlich Michael sein Lexikon holte und vorlas: »Das Bairamfest wird am Ende des Fastenmonats Ramadan gefeiert. Alle tragen neue Kleider, wünschen sich Glück und beschenken sich.«

»Das ist ja fast wie Weihnachten«, sagte Michael und klappte das Lexikon zu.

Als Michael dann fünf Tage später am Nikolausabend in seine Stiefel schaute, die er draußen auf die Fensterbank gestellt hatte, waren beide Stiefel mit türkischem Honig gefüllt. War das eine Freude! Noch während Michael seine Stiefel ins Haus trug, kam ihm eine großartige Idee. Die musste er wohl gleich mit seiner Mutter besprechen …

27. Wir brauchen einander

1. Korinther 12, 20 + 21

Markus hielt sein Zeugnis in der Hand und starrte auf die Fünf in Mathematik. Je länger er hinschaute, umso mehr verschwamm die Fünf und wurde zu einer Sechs. Markus rieb sich die Augen. Nein, es war Gott sei Dank nur eine Fünf.

»Zeig mal«, rief der lange Johannes und riss Markus das Zeugnis aus der Hand.

»Er hat eine Fünf in Mathe!«, brüllte Johannes durch die Klasse und legte Markus' Zeugnis verächtlich auf die Bank. Aber keiner beachtete Johannes. Alle waren in ihr eigenes Zeugnis vertieft.

Erst jetzt sah Markus die anderen Noten in seinem Zeugnis: Religion gut, Deutsch gut, Erdkunde befriedigend. Na ja, Erdkunde macht einem auch keinen Spaß. Sport gut, Musik sehr gut, bildende Kunst sehr gut, Textiles Werken ausreichend. Wieder blieben Markus' Augen an der Fünf in Mathe kleben und er hörte seinen Vater sagen: Markus, du schaffst den Sechser in Mathematik weg. Ja, er hatte sich angestrengt, unheimlich angestrengt. Er hatte sich fest vorgenommen, eine Vier in Mathe zu schaffen. Aber irgendwie wollten die Zahlen nicht in seinen Kopf und die Textaufgaben hasste er. Oft verwechselte er auch die Zahlen. Es war bei den Klassenarbeiten einfach wie verhext.

Komisch, dachte Markus, als er nach Hause kam. Vaters Auto stand vor der Tür. Ist er schon zu Hause? Hat er heute früher Feierabend? Sein Vater stand an der Haustür und wartete auf ihn. Einen Augenblick kam wieder die alte Angst hoch, es könnte Vorwürfe geben. Aber dann, noch ehe Markus die Treppe hochkam, ging ihm sein Vater entgegen, nahm ihn in die Arme und sagte: »Du hast es geschafft, ich wusste ja, du schaffst es!«

Markus war erstaunt. Woher wusste sein Vater, dass er keine Sechs in Mathematik hatte?»Du hast mein Zeugnis doch noch gar nicht gesehen!«, erwiderte Markus. »Komm erst mal rein, ich erzähl dir alles«, rief sein Vater.

Drinnen war der Platz am Tisch für Markus festlich geschmückt, wie an seinem Geburtstag.

Als alle dann am Tisch saßen, begann Vater zu erzählen.

Er zog einen Brief aus der Tasche. »Hier, diesen Brief hat mir dein Klassenlehrer geschrieben.«

Vater las vor: »Sehr geehrter Herr Weber. Ihr Sohn Markus hat sich im letzten Schuljahr in Mathematik sehr angestrengt und gut mitgearbeitet. Leider musste ich ihm aufgrund seiner Klassenarbeiten gerechtigkeitshalber doch eine Fünf geben. Ich bin aber sicher, aus der Fünf wird im vierten Schuljahr eine Vier, mindestens eine Vier werden.

Mit herzlichem Gruß auch an Ihre Frau und an Markus

Jürgen Knoll, Klassenlehrer der 3c.«

Markus saß ganz still auf seinem Platz. Dann platzte es aus ihm heraus: »Eine Fünf ist eine Fünf. Mangelhaft. Warum kann ich nicht so gut rechnen wie Dirk, Susanne oder Johannes?«

»Pass mal auf«, antwortete Mutter, die sich dazugesetzt hatte. »Oder warte einen Augenblick.« Sie holte aus dem Schrank einen Schal und band ihn Markus vor die Augen. »Jetzt lauf einmal um den Tisch herum«, sagte sie und lachte dabei. »Was soll der Quatsch!«, rief Markus ärgerlich. Aber Mutter bestand darauf: »Lauf um den Tisch.«

Nach wenigen Schritten hatte sich Markus am Küchenschrank den Kopf angestoßen, dann stieß er gegen den Blumenständer, der beinahe umgefallen wäre.

»Ich schaffe das nicht. Ich brauche meine Augen!«, rief er und riss sich den Schal vom Kopf.

Mutter stand neben ihm und hielt ihm sein Zeugnis vor die Nase:

»Hier, lies mal!« Mutters Finger zeigte auf die Note in Bildende Kunst.
»Sehr gut!«, sagte Markus.

»Du kannst zwar nicht so gut rechnen, aber du kannst wunderschöne Bilder malen. Und du kannst so schön Flöte spielen. Jeder Mensch hat seine besondere Begabung. Stell dir mal vor, du könntest nicht gut sehen!«

»O je«, rief Markus, »das wäre schlimm. Dann könnte ich ja nicht mehr malen und Noten lesen.«

»Ja, der eine kann gut sehen, ein anderer gut hören, ein Dritter sehr schnell laufen und ein Vierter gut denken und rechnen. So sind die Gaben verschieden verteilt. Und sie ergänzen sich. Wir brauchen einander.«

»Aber«, rief Markus dazwischen, »der lange Johannes, der ist fast überall gut. Er ist der Beste der Klasse.« Und ganz leise fügte Markus hinzu: »Er hat mir mein Zeugnis aus der Hand gerissen und laut in die Klasse gerufen: Markus hat in Mathe eine Fünf!«

»Nein«, sagte der Vater, »Johannes hat zwar gute Noten in den meisten Fächern. Aber er ist nicht der Beste. Er benimmt sich als Drittklässler oft wie einer aus der ersten Klasse. Die Noten in der Schule sagen nichts aus über den Wert eines Menschen. Du wirst das vielleicht jetzt nicht verstehen, aber es ist für uns beide, für Mama und mich ganz wichtig: Jeder Mensch ist vor Gott gleich wertvoll und wichtig.«

Abends in seinem Bett konnte Markus lange nicht einschlafen. Er überlegte: Jeder Mensch ist vor Gott gleich wichtig? Auch der Christian, der Junge von nebenan, der so komisch spricht und im Rollstuhl sitzt? Auch Stefan, der immer mit einer dreckigen Hose in die Schule kommt und oft so stinkt? Auch der Mann auf der anderen Seite der Straße, der ganz alleine wohnt und oft so betrunken ist? Jede, jeder ist vor Gott gleich wertvoll und wichtig? Das musste Markus morgen ganz in der Frühe seinen Vater fragen. Am nächsten Morgen aber hatte Markus verschlafen und sein Vater war schon zur Arbeit gefahren. Am Frühstückstisch setzte sich seine Mutter zu ihm. Und dann purzelten die Fragen aus ihm heraus:

»Sag mal, Mama, stimmt das: Jeder Mensch ist vor Gott gleich wichtig? Auch der Christian? Er kann doch nicht mal allein laufen, muss ständig im Rollstuhl geschoben werden.«

Seine Mutter schwieg und dachte lange nach.

»Erinnerst du dich noch an deinen Geburtstag vor zwei Jahren? Damals hattest du Christian auch eingeladen. Weißt du auch noch, wie er sich gefreut hat, wie er lachen konnte? Ja, jede und jeder ist vor Gott gleich wichtig und wertvoll. Nur wir Menschen machen Unterschiede und oft verachtet einer den anderen.

Und«, die Mutter sprach ganz leise, wie abwesend, »manche Menschen haben vergessen, dass sie in den Augen Gottes wertvolle Menschen sind. Sie mögen sich selbst nicht, weil sie nicht so klug, so groß, so reich sind. Sie fangen dann an, sich über sich selbst zu ärgern, haben oft schlechte Laune oder beginnen viel Alkohol zu trinken.«

Markus saß ganz nachdenklich da.

»Wenn jede, wenn jeder das für sich wüsste, dass er oder sie vor Gott ein wertvoller Mensch ist, dann dürfte eigentlich kein Mensch mehr traurig sein und keiner einen anderen Menschen verachten«, ergänzte Markus leise und ließ sich von seiner Mutter ganz fest umarmen.

28. Du darfst ihn hier nicht liegen lassen

1. Johannes 5, 11-13

Es war mucksmäuschenstill in der Gemeindeversammlung, als Gajus aufstand und den kurzen Abschnitt aus dem Brief von Johannes vorlas.

Nachdem sich Gajus mit einem tiefen Seufzer wieder auf seinen Platz gesetzt hatte, stand wiederum das Schweigen im Raum. »Guter Gott, lass dieses Wort für uns zum Wort des Lebens werden«, unterbrach Gajus die Stille und schaute alle nacheinander an. Sein Blick blieb an Claudius hängen. Claudius gehörte schon lange zur christlichen Gemeinde. Der Hunger hatte ihn, wie er selbst offen zugab, zur Gemeinde getrieben: »Bei euch kann ich mich wenigstens zweimal in der Woche satt essen.«

Es gab jedoch kaum einen feinfühligeren Mann in der Gemeinde als eben diesen Claudius, Sklave des Weinhändlers Marc Antonio.

Oft kam er entstellt und geschunden in die Gemeindeversammlung. Alle wussten, sein Herr hatte ihn wieder einmal im Alkoholrausch grün und blau geschlagen.

»Mir gefällt das Wort: ewiges Leben«, begann Claudius das Gespräch. »Wenn das Warten darauf nur nicht so schwer und so lange wäre!«

»Warten?«, unterbrach ihn Gajus und las noch einmal den Text vor: *»Und das ist das Zeugnis, dass uns Gott das ewige Leben gegeben hat, und dieses Leben ist in seinem Sohn.«* »Ja«, fiel Clemens der Korbhändler ein, »in Christus hat Gott uns das ewige Leben geschenkt. Unser Bruder Johannes hat ganz richtig geschrieben: Wer den Sohn hat, der hat das Leben!«

Langsam, ganz langsam und vorsichtig knöpfte Claudius sein Hemd auf und zeigte allen Anwesenden seinen mit Striemen bedeckten Rücken. »Soll ich das Leben nennen?«, fragte er.

Jetzt stand Hanna, die Putzfrau der Markthalle, auf. »Claudius hat Recht: Das Wort des Apostels ist ein Trostwort für später. Ein für mich wichtiges Wort. Aber wenn ich daran denke, dass mein spärlicher Lohn kaum ausreicht, um vier Kinder satt zu machen, dann muss ich sagen: Das Leben hier und jetzt ist ein Kampf ums tägliche Brot. Ein Überleben, aber kein Leben!«

Stur, wie ihn einige nannten, las Gajus den Text des Briefes zum dritten Mal vor: »*Und das ist das Zeugnis, dass uns Gott das ewige Leben gegeben hat, und dieses Leben ist in seinem Sohn.*« Ohne Unterbrechung fügte Gajus hinzu: »Das Leben, von dem Johannes schreibt, beginnt nicht nach unserem Tod. Es beginnt jetzt, hier, heute. Das Leben *ist* in seinem Sohne, Jesus Christus. Er hat uns zugesagt: *Siehe, ich bin bei euch alle Tage!*«

Clemens rutschte unruhig auf seinem Stuhl hin und her: »Wir sind jetzt, das merke ich deutlich, an einem gefährlichen Punkt angelangt. Das Evangelium von Jesus Christus gibt uns die Kraft durchzuhalten. Es macht uns Mut, auf das ewige Leben zu warten und zu wissen, wir sind erlöst, auch wenn die Erlösung noch aussteht. Aber wir können die Sklaverei nicht abschaffen, auch nicht die Armut. Gottes Reich ist nicht von dieser Welt. Unsere Aufgabe ist es, die Seelen aus dieser Welt zu retten.«

Du hast gut reden, du hast dein sicheres Einkommen, dachte Hanna und schwieg. Mit einem tiefen Atemzug stand Gajus auf. Er spürte den alten Konflikt zwischen Clemens und ihm. Immer ging es um die entscheidende Frage: Wer ist Jesus für uns heute? Wie ist er unter uns gegenwärtig?

»Du siehst Jesus als den erhöhten Herrn im Himmel, der über allem steht. Der uns tröstet, ermutigt, Kraft gibt zum Durchhalten«, begann

Gajus. »Ich sehe Jesus als den, der im Stroh des Stalles von Bethlehem auf den harten Brettern der Krippe zur Welt kam. Der Sohn Gottes, von dem Johannes spricht, das ist für mich Jesus, der die Aussätzigen berührte und sie heilte. Jesus, der den Zöllner zum Freund nahm, der die Ehebrecherin vor dem Tod durch Steine schützte. Er, Jesus, hat den Mächten des Todes Widerstand geleistet. Er hat die Menschen nicht auf später vertröstet, sondern sie zum Leben befreit. Das ewige Leben, darin hat Johannes Recht, beginnt hier auf der Erde, jetzt.

Jesus lebt, wie er selbst sagte, immer noch leibhaftig unter uns, in den Kranken, den Hungernden, den Frierenden, den Obdachlosen … und indem wir ihnen wie Jesus zusagen: Gott liebt euch! Und wenn wir sie dabei in den Arm nehmen, ihre Wunden berühren und heilen, ihren Hunger stillen, sie aufnehmen, ihnen ein Zuhause geben, dann haben wir ihn, den Sohn Gottes und sein Leben. Und«, Gajus schaute in die Runde, »das wissen wir alle, sein Leben führte in den Tod und durch den Tod hindurch zum Leben. Erinnert ihr euch, was unser Bruder Johannes in seinem Evangelium schreibt: ›Jesus Christus spricht: Ich bin die Auferstehung und das Leben. Wer an mich glaubt, wird leben, selbst wenn er stirbt.‹ Wer sich diesem Jesus anvertraut, über den hat der Tod keine Macht mehr. Das ewige Leben, so steht es in dem Brief an uns, beginnt hier auf der Erde, im Vertrauen auf Jesus, der unter uns und in uns lebendig ist. Der Tod kann dieses Leben nicht unterbrechen.«

»Aber«, warf Clemens ein, »die Zeit, in der Jesus leibhaftig unter uns lebte, ist endgültig vorbei. Jetzt beten wir zu Christus, der über allen bei dem Vater im Himmel wohnt.«

Gajus schüttelte energisch den Kopf, doch Hanna kam ihm zuvor: »Ich möchte euch etwas erzählen. Als ich vor zwei Wochen die Fischhalle putzte, stieß mein Schrubber unter dem schweren Tisch an etwas Weiches. Ich bückte mich und entdeckte Nathanael, den Trinker. Er lag dort mit dem Kopf zur Wand auf dem Steinboden. Seine Kleider waren total durchnässt. Als ich seinen Namen rief, drehte er sich zu mir herum und sagte: ›Es ist aus, lass mich hier liegen und sterben. Hier ist es wenigstens warm.‹ Ich zögerte einen Augenblick, aber dann wusste ich: Du darfst ihn hier nicht liegen lassen! Die anderen Putzfrauen haben mir geholfen, ihn auf den Fischkarren zu heben. ›Du bist verrückt‹, sagten sie, packten aber dennoch mit an. Und so brachten wir Nathanael zu mir, in meine kleine Wohnung. Ich habe ihm die nassen Kleider ausgezogen, ihn gewaschen, ihm ein Nachthemd gegeben, das Bett mit einem weißen Leintuch bezogen und ihn in mein Bett gelegt. In der Nacht, kurz bevor er starb, strich seine Hand immer wieder über das frische Leintuch: ›Leben‹, flüsterte er, ›das ist Leben!‹ Ihr werdet es nicht verstehen, aber so nahe wie in dem Augenblick, als der alte Nathanael die Augen schloss und er fest meine Hand hielt, so nahe habe ich Jesus nie zuvor erlebt. Mir war so, als halte er, Jesus, meine Hand. Seitdem schaue ich jeden Abend unter die Tische. Ob er nicht wiederum dort liegt.«

Hanna schwieg und fügte dann mit leiser Stimme hinzu: »Ich verstehe nicht viel vom Glauben, aber ich bin sicher, der im Himmel wartet auf uns. Ganz unten wartet er, wo wir putzen, wo Menschen von Menschen vergessen werden, wo es dunkel ist und kalt. Da ist er uns nah mit seinem Leben, dem ewigen Leben.«
Alle waren tief bewegt, einige weinten. Lange saßen sie alle wiederum schweigend beieinander, bis Rebekka, die Gastgeberin, entschlossen aufstand: »Und jetzt, jetzt ist es höchste Zeit, das Abendessen vorzubereiten. Einige von uns müssen heute Nacht noch schwer arbeiten. Sie dürfen nicht mit leerem Magen zur Nachtschicht gehen.«
Rebekka ging in die Küche, füllte Wein in die Krüge, schnitt das frisch gebackene Brot und deckte den Tisch. Während sie aßen, nahm Han-

na das Brot, dankte und gab allen davon. Genauso machte sie es mit dem Wein: »Wir feiern miteinander Gottes Gegenwart unter uns, wie damals mit Jesus.«

29. Warum hast du dich daneben gemalt?

Lukas 17, 21

»Doofe Ziege«, schrie Bernd, als er voller Wut die Treppe hochrannte. In seinem Zimmer schloss er die Tür hinter sich zu. Aber seine Wut hatte nun auch kein Gegenüber mehr. »Doofe Ziege«, schrie er und hämmerte mit seinen Fäusten gegen die Tür des Kleiderschrankes. Schließlich warf er sich auf sein Bett. So war das fast immer: Kleiner Pimpf, so hatte sie ihn genannt. Nur weil sie beim Saga-Land-Spielen verloren hatte. Sie konnte es nicht vertragen, wenn sie gegen ihn, den zwei Jahre jüngeren Bruder, verlor. Kleiner Pimpf! Dabei hatte es Vater ausdrücklich verboten, ihn so zu rufen. Aber Vater war ja nicht da. Kleiner Pimpf, so riefen sie auch auf dem Schulhof hinter ihm her, nur weil er der Kleinste in der Klasse war. Aber rechnen konnte er gut, und das ärgerte die anderen.

Mit einem Mal kam alles wieder hoch. Warum musste ausgerechnet er der Kleinste sein? Warum nicht Thorsten oder Joachim oder Andreas? Bernd war den Tränen nahe. Was half da der Rat seines Vaters, den er ihm sogar mit großen bunten Buchstaben an die Tür geklebt hatte: »Selbstmitleid ist das schlimmste Leid und das dümmste zugleich.«

Was hatte sein Vater schon für eine Ahnung?! Plötzlich sprang Bernd auf und stellte sich an die Messlatte, die er an die Schrankwand geklebt hatte. 103 cm ist ja nun wirklich Pimpfengröße für einen Elfjährigen. Und gewachsen war er in dieser Woche auch wieder nicht.

»Nanu«, sagte Bernd plötzlich. »Wo kommst denn du her?« Ein kleiner Marienkäfer krabbelte seinen Arm hoch. Bernd drehte den Arm um, sodass nun die Hand nach oben zeigte. Der Käfer stand einen Augenblick still, drehte sich dann um und krabbelte nach oben. Woher weiß der winzig kleine Kerl, wo oben und unten ist?, fragte sich Bernd. Es kitzelte ein wenig, als der Marienkäfer den Mittelfinger hochkrabbelte. Oben angekommen, pumpte er sich voll Luft und entfaltete seine Flügel, wollte starten und fiel auf den Teppich. Die zarten Flügel schauten noch unter den rotgepunkteten Deckflügeln hervor. Bernd reichte ihm seine Hand und dankbar kletterte der Käfer auf den Zeigefinger. Diesmal klappte der Start und Bernd staunte, wie der winzige Käfer genau auf das Dachfenster zuflog und draußen verschwand.

Das musste er morgen unbedingt Gisela erzählen. Gisela war seine Freundin. Sie war etwas größer als Bernd – aber doppelt so dick. Sie wurde deswegen oft ausgelacht.

»Weißt du«, hatte ihm Gisela einmal gesagt, »ich esse weniger als meine Schwester und werde doch immer dicker.«

Gisela kam gerade von der Flötenstunde nach Hause. Sie blieb stehen und bückte sich. Nein, sie hatte kein Geldstück gefunden. Sie hatte vielmehr eine Pflanze entdeckt, die durch den Asphalt hindurchgewachsen war. Gisela befühlte die Blattspitzen der Pflanze. Aber die waren nicht hart und spitz wie Eisenspeere. Wie konnte eine so zarte Pflanze durch einen so harten Strassenbelag wachsen? Gisela staunte. Die kleine Pflanze ist stärker, sagte sie sich, irgendwie macht mich dieser Gedanke froh. Das musste sie unbedingt Bernd erzählen.

In der Religionsstunde am übernächsten Morgen erzählte die Lehrerin Frau Herkenrad von Jesus: »Eines Tages«, so sagte Frau Herkenrad, »ist Jesus vor einer Blume stehen geblieben und hat den Menschen durch die Blume von Gott erzählt: Schaut alle her. Seht diese wunderschöne Farbe und riecht den süßen Duft.« Frau Herkenrad hielt eine Heckenrose in den Händen. »Wenn Gott die Blumen so schön kleidet, dann könnt ihr sicher sein – euch Menschen vergisst er erst recht nicht. Weil er die kleinen Dinge liebt, weiß ich, er liebt auch mich. Und nun«, sagte die Lehrerin, »malt ein kleines Ding, das Gott liebt.«

Bernd blinzelte Gisela zu, und sie ihm. Jeder wusste vom anderen, was sie/er malen würde. Gisela malte ihre Pflanze, Bernd malte den Marienkäfer und daneben sich selbst. Sie sollten nun ihr Bild mit ihrem Nachbarn in der Schulbank besprechen und einer dem anderen/eine der anderen erklären. Weil Bernd allein in der Bank saß, bat ihn die Lehrerin, sich neben Peter zu setzen, der auch allein saß, weil sein Nachbar krank war. Peter war derjenige, der sich am meisten über Bernd lustig machte, weil Bernd so klein war.

»Und warum hast du dich daneben gemalt?«, fragte Peter. Bernd schaute ihn erstaunt an: »Weil ich auch der Kleinste bin«, sagte er dann. Peter hatte einen Kieselstein gemalt. Er war auf einmal ganz still, fast nachdenklich. Dann kramte er aus seiner Tasche ein Bonbon heraus, streckte es Bernd hin und sagte: »Da, für dich.«

Das sollte wohl so etwas heißen wie: Ich hör auf, dich Pimpf zu nennen, dachte sich Bernd.

Am Schluss der Stunde, es hatte schon geklingelt, ging Gisela schnell zu Bernd hin und flüsterte ihm etwas ins Ohr.

Bernd wurde ein wenig verlegen, aber seine braunen Augen strahlten.

»Gott hat dich ganz fest lieb und ich dich auch«, hatte ihm Gisela ins Ohr geflüstert.

Am Abend erzählte sein Vater der Mutter beim Abendessen von der Versammlung der Christen, von der er gerade kam. In vielen Sprachen sei gesprochen worden. Er habe den spanischsprechenden Redner übersetzen müssen. Der habe gesagt: »Das Reich Gottes beginnt da, wo Menschen einander gerecht werden, wo sie in Frieden leben und die Schöpfung Gottes behüten wie einen wunderschönen Garten.«

Als Bernd in seinem Bett lag, konnte er lange nicht einschlafen. Reich Gottes, schon oft hatte er in der Kirche davon gehört. Er stellte sich das Reich Gottes immer vor, wie ein großes Königreich, mit Gott auf einem wunderschönen Thron. Irgendwo weit weg. Wenn das, was

Vater gesagt hat, stimmt, dann ist das Reich Gottes ja ganz nah! Dann entsteht das Reich Gottes da, wo Menschen einander Gutes tun, wo Menschen nicht mehr aufeinander schießen und sich nicht mehr bekriegen.

Mit diesen Gedanken, die so neu waren und die er noch lange nicht ganz verstanden hatte, schlief Bernd ein. Am nächsten Morgen ging er zuerst zu seinem kleinen Garten.

O Schreck, die Schnecken hatten seine Sonnenblumen ratzeputz abgefressen.

Warum gibt es so viele Schnecken, fragte sich Bernd. Warum hat der liebe Gott so viele Schnecken entstehen lassen, die doch alle schönen Blumen abfressen? Diese Frage wollte er in der kommenden Woche der Religionslehrerin stellen.

30. Und was hab ich davon?

Josua 1, 9

»Nein, ich bleibe zu Hause«, sagte Simon. »Einer muss ja zu Hause bleiben und auf die Hühner und Ziegen aufpassen.« Elf Jahre war Simon und er fühlte sich schon ein bisschen erwachsen und für die Tiere im Haus verantwortlich.

»Außerdem hab ich, ehrlich gesagt, keine Lust mitzugehen«, rief er seiner Mutter zu. Die schaute ihren Sohn erstaunt an: Simon hat sich verändert, dachte sie. Seit sein Vater gestorben ist, ist Simon viel stiller geworden. Er zieht sich immer mehr von uns zurück.

»Wir gehen zu Jesus«, sagte die Mutter. »Er macht den Menschen Mut. Komm doch mit Simon! Jesus wird dich segnen.«

»Und was hab ich davon? Wird Papa dadurch wieder lebendig?«

Die Mutter schaute ihren Sohn traurig an. »Nein«, antwortete sie. »Wir müssen ohne Vater leben.«

Sie machte eine lange Pause.

»Vor einem Monat«, begann sie dann leise, »vor einem Monat kam Jesus durch unser Dorf. Er hat mir die Hand auf den Kopf gelegt und zu mir gesagt: ›Sei tapfer und entschlossen! Lass dich durch nichts erschrecken und verliere nie den Mut; denn ich, der Herr, dein Gott, bin bei dir, wohin du auch gehst.‹ (Josua 1, 9) Das sage ich mir seitdem jeden Morgen.«

Simon schaute seine Mutter mit großen Augen an. Er erinnerte sich daran, wie Mutter in der vergangenen Nacht den Einbrecher vertrieben hatte. Auch vor dem großen Hund, den Simon so fürchtete, hatte sie keine Angst. Mutter weinte auch nicht mehr so viel wie vor einem Jahr, dachte Simon.

»Nein, ich bleibe zu Hause«, sagte er dann entschlossen. »Ihr könnt mir ja den Segen mitbringen«, rief er und schaute lachend seiner Mutter und den drei Geschwistern nach.

Ich werde euch genau beobachten, wenn ihr zurückkommt, sagte sich Simon.

Nach etwa zwei Stunden kehrten alle zurück. Simon hörte sie schon von weitem, wie sie miteinander stritten. Eva und Susanna waren sauer und wütend. »Den Ephraim hat er auch gesegnet«, erzählte Eva.

»Ja«, rief Susanna, »genauso wie uns!«

Ephraim war der achtjährige Junge, der keine Eltern mehr hatte, der nachts unter den Brücken schlief, der Äpfel und Nüsse aus den Gärten klaute, der den alten Leuten die Zunge rausstreckte und seine Nase mit dem Ärmel putzte.

»Jesus hat den Ephraim in seine Arme genommen«, rief Eva entrüstet.

»Er hat ihn ganz fest an sich gedrückt, viel länger als mich.«

Wird denn der Segen weniger, wenn viele ihn geschenkt bekommen?, fragte sich Simon.

Bei seinen beiden Schwestern Eva und Susanna jedenfalls konnte Simon keine Veränderung erkennen, aber bei Johannes, seinem älteren Bruder. Simon hatte ihn genau beobachtet. Johannes lachte ab und zu. Das hatte er seit dem Tod des Vaters vor anderthalb Jahren nicht mehr getan. Und Johannes ging oft ganz von sich aus los, um Holz zu holen.

»Wir müssen mehr zusammenhalten, Mama ist oft so müde«, sagte Johannes, als Simon ihm beim Holzhacken zuschaute.

Eines Abends schlich sich Simon zu Johannes, kuschelte sich eng an ihn und fragte leise: »Was hat Jesus zu dir gesagt, als er dich segnete?«

Johannes wurde still, als müsse er einen Augenblick lang überlegen.

»Jesus hat seine Hände auf meinen Kopf gelegt und gesagt: ›Johannes, Gott, der Schöpfer von Himmel und Erde, hat dich ganz fest lieb.

Du bist sein Sohn. Gott segnet dich und er behütet dich. Mit deinem Gott kannst du über Mauern springen.‹ Ich glaube das wars , was er mir sagte, genau weiß ich es nicht mehr. Ach ja«, Johannes lachte, »Jesus hat die Flöte in meiner Tasche gesehen. ›Magst du mir etwas darauf vorspielen‹, fragte er. Ja, und dann hab ich ihm mein Lied vom wilden Ziegenbock vorgespielt. Du kennst es ja. Jesus hat dazu geklatscht und mitgesummt. ›Du wirst mal ein guter Flötenspieler.‹ Dann rief er allen, die dabeistanden, zu: ›Glücklich, wer seine Begabung entdeckt und tut, was er kann. Der tut Gottes Willen.‹

Komisch«, sagte Johannes wie zu sich selbst. »Wer seine Begabung entdeckt und tut, was er kann, tut Gottes Willen? Du«, sagte er zu Simon, als hätte er etwas Wichtiges entdeckt, »um Gottes Willen zu tun, musst du nichts Besonderes tun, sondern das, was du kannst, nicht mehr, nicht weniger.«

Wieder wurde Johannes ganz still, dann sage er leise: »Weißt du, es waren nicht seine Worte. Es war die Art, wie er sich zu mir herunterbückte. Irgendwie hab ich gespürt: Er mag mich, so wie ich bin. Du, ich bin sicher, er hat uns ganz fest lieb.«

»Mich auch?«, fragte Simon. »Ja dich auch!«

»Auch wenn ich traurig bin oder wütend?«

Johannes nickte: »Auch dann!«

Das nächste Mal gehe ich auch mit zu Jesus, dachte Simon. Er soll mich auch segnen.

An Mutter bemerkte Simon zunächst keine Veränderung. Aber dann, am Sabbatabend, ein paar Wochen später, da beobachtete Simon, wie Mutter dem netten Mann aus Jerusalem, der öfter zu Besuch kam, einen Kuss gab.

Aha, dachte Simon, gesegnet sein heißt auch lieb haben können.

Aber fühlte sich Mutter denn auch als ein Kind Gottes? Mutter ist doch schon erwachsen!

Das wollte Simon seine Mutter fragen. Und er wollte auch noch wissen, woran ein Mensch spürt, dass Gott ihn lieb hat.

Mutter schrubbte gerade den Fussboden, als Simon mit seinen Fragen herausplatzte. Sie merkte sofort, wie wichtig ihm seine Fragen waren und stellte deshalb Putzeimer und Schrubber in die Ecke. »Komm«, rief sie und breitete ihre Arme aus. »Du bist zwar schon groß und schwer, aber ich probiers.«

Mutter nahm Simon auf beide Arme und drehte sich mit ihm dreimal im Kreis. Einen Augenblick lang bekam Simon Angst. Mutter lachte, als sie ihn wieder auf den Boden stellte. »So ist das mit Gott: Er lässt uns nicht fallen, auch wenn sich alles um uns dreht. Weißt du«, sagte Mutter dann und holte das Putzzeug aus der Ecke: »Als ich so alt war wie du, musste ich bei dem Großbauern Josephat arbeiten, denn meine Eltern waren bitterarm, und ich hatte noch fünf Geschwister. Natürlich konnte ich nicht so fest zupacken wie Erwachsene. Aber beim Olivenpflücken war ich flinker als alle anderen. Trotzdem hatte Josephat ständig etwas an mir auszusetzen: Wenn ich geputzt hatte, war es ihm nicht sauber genug. Den Stall hätte ich weißer streichen, die Schafe gründlicher bürsten sollen. Immer gab er mir das Gefühl: Du taugst nichts. Alles, was ich tat, war nicht gut genug. Und das Schlimme war, zuletzt hab ich mir das selbst gesagt – du taugst nichts! Andere sind geschickter, klüger, netter, liebenswürdiger als du. In meiner Verzweiflung bin ich damals zu unserem Rabbi gegangen und habe ihn um Rat gefragt. Der Rabbi sah mich lange schweigend an, dann sagte er mit klarer fester Stimme: ›So spricht Gott: *Sei tapfer und entschlossen, lass dich durch nichts erschrecken und verliere nie den Mut, denn ich, der Herr, dein Gott, bin bei dir, wohin du auch gehst. Amen.*‹«

»Sonst sagte er nichts?«

Mutter schüttelte den Kopf. Sie war auf einmal wie abwesend. Wieder schüttelte sie den Kopf.

»Ich hatte es vergessen, dieses Gotteswort«, sagte Mutter nachdenklich, »bis ich Jesus begegnet bin. Er hat mir genau dasselbe Wort gesagt und dann hinzugefügt: ›Du bist eine Tochter Gottes. Du bist groß in den Augen Gottes. Gott ist stolz auf dich, und wenn du ihm danken willst, so lerne, stolz auf dich zu sein – und lass dich von niemandem mehr klein machen.‹«

Mutter strich Simon über den Kopf und schaute lange durchs offene Fenster in den Garten. »Wenn wir einander Mut machen und füreinander sorgen, dann bleibt Gott unter uns lebendig.«

Sie sagte die Worte so wie ein Gebet.

Nachdenklich ging Simon in sein Zimmer.

Mut machen und füreinander sorgen? Das war oft so. Wenn er Mutter etwas fragte, bekam er zwar eine Antwort, aber mit der Antwort wuchsen andere Fragen. Vielleicht, dachte Simon, vielleicht bedeutet das erwachsen werden, und er spürte eine unbändige Freude in sich.

Vor dem Schlafengehen am Abend überlegte er: Was hatten Jesus und der Rabbi zu seiner Mutter gesagt? Sei tapfer und entschlossen, lass dich durch nichts erschrecken und… und? Ah ja, und verliere nie den Mut, denn ich, der Herr dein Gott, bin bei dir, wohin du auch gehst. Das klang so, als wäre Gott eine große Kraft, die mit uns geht, die in uns ist. Aber konnte das denn sein? Simon nahm sich vor, am nächsten Morgen gleich mit seiner Mutter weiterzureden.

31. Der stolpernde Engel bringt das Verlorene zurück

Prediger 3, 6

Engel stolpern nicht, denkst du. Da muss ich dich leider, hoppla, nein, nicht leider, da muss ich dich, Gott sei Dank, enttäuschen.

Ja, Gott sei Dank, wir Engel stolpern leicht. Nein, nein, nicht unserer Flügel wegen, dass uns sozusagen jemand auf die Flügel getreten wäre. Flügel, das wissen die wenigsten, haben wir nicht, Flügel beschreiben unser Wesen – wir sind nicht der Schwerkraft verhaftet. Natürlich unterliegen wir ihr, aber es gibt in uns eine Kraft, die dagegen wirkt: eben Flügel. Du spürst die Schwerkraft, aber sie vermag dich nicht in die Tiefe zu ziehen, sie kann dich nicht lähmen, deinen Gang nicht bremsen.

Unsere Flügel wurden einmal mit »Leichtigkeit des Seins« beschrieben. Schön, dieses Wort. Es versucht das Unerklärbare zu beschreiben. Ich sage lieber, wir leben aus der Kraft von oben, von Gott, mit Flügeln, leicht. Warum wir dennoch stolpern? Ja, darin steckt ein gewisser Widerspruch, hat doch Stolpern damit zu tun, dass der Fuß an etwas hängenbleibt oder gebremst wird, sodass wir das Gleichgewicht verlieren und die Schwerkraft uns dann plötzlich zu Boden zieht. Gewiss, es hat etwas mit unserer Schusseligkeit zu tun. Wenn wir zu einem Menschen eilen, ist unser Auftrag meistens dringend, dann sind wir in Gedanken viel weiter und schneller. Wir sind sozusagen schon bei dem Kind, der Frau oder dem Mann, während unsere Füße noch auf dem Weg sind. Das ist die theoretische Beschreibung von Stolpern.

Praktisch sieht das so aus: Während wir in Gedanken schon da sind und zu wissen glauben, was einem Menschen fehlt, bleibt unser Fuß an etwas hängen. Wir stolpern und sind gezwungen, genau auf den Weg zu sehen. Und dann, dann entdecken wir meistens etwas, das der Mensch, zu dem wir unterwegs sind, liegen gelassen, verloren oder auch weggeworfen hat, etwas scheinbar ganz und gar Wertloses.

Wir bleiben stehen, gehen einen Schritt zurück, heben den Gegenstand auf und ...

Ja, jetzt muss ich euch, das merke ich gerade, doch ein paar Stolperbeispiele aus dem Alltag erzählen:

Ich erinnere mich noch genau. Es war Ende Oktober, eine Frostnacht hatte die Bäume entlaubt. Ich nahm in aller Eile die Abkürzung durch den Wald und freute mich wie ein Kind an den raschelnden Blättern unter meinen Füßen. Und da geschah es. Mein linker Fuß blieb an etwas hängen. Ich erschrak. Zum Glück keine Falle, dachte ich und befreite den Fuß von einem Lederriemen. Ein grünes Fernrohr hing daran. Aha, hat vermutlich ein Jäger verloren! Ich durchwühlte mit den Händen das Laub und fand tatsächlich das dazugehörende Etui. Es dauerte eine Weile, bis ich den Namen, der auf die Innenseite des Deckels geschrieben war, entziffert hatte. In der Tat, es gehörte dem alten Herrn, der unten im Haus seiner Kinder wohnte und den ich, einem Notruf seiner Schwiegertochter folgend, gerade besuchen wollte.

Ich kann euch zwar nicht alle Geheimnisse preisgeben, deshalb muss ich die Neugierigen unter euch in Bezug auf ihre vielen Fragen nach dem wie und warum und wann enttäuschen. Ich überspringe viele Fragen und Tage und schweife ein wenig zurück.

Es war, glaube ich, drei Wochen nachdem ich das Fernrohr unbemerkt in Herr Zauners kleines Wohnzimmer gestellt hatte. Ach so ja, Herr Zauner, das muss ich noch einfügen, Herr Zauner war ein alter, sehr griesgrämiger Nörgelfritz. Nichts konnten ihm seine Kinder recht machen. Das Essen schmeckte zu fad, der Garten war nicht ordentlich umgegraben und die Zeitung brachten sie ihm viel zu spät ins Haus. Die Hosenfalten waren falsch gebügelt und die Hemdknöpfe zu eng

angenäht. Versteht ihr, wenn ich sage, Herr Zauner war ein Nörgelfritz? Nein, ich habe ihn damals nicht selbst angetroffen, nur das eben
gefundene Fernrohr in sein Zimmer stellen lassen.

Sein kleiner Enkelsohn Ralf besuchte ihn an jenem Nachmittag.

»Putz dir erst mal die Nase, wasch deine Hände und zieh die dreckigen Schuhe aus, bevor du in meine gute Stube kommst!«

Ralf entdeckte sofort das Fernrohr. Noch ehe sein Opa es ihm ent-
reißen konnte, sah Ralf durchs Objektiv.

»Aber Opa, du bist ja ganz winzig!«, rief er und lachte, »ganz klein
bist du!« Herr Zauner wollte auch mitlachen, aber das Lachen blieb
ihm im Hals stecken. »Ganz, ganz klein, wie eine Halmafigur«, rief
Ralf und zeigte mit Daumen und Zeigefinger Opas Größe an. »Du
musst es umdrehen«, wollte Herr Zauner noch sagen, aber er schaffte
es nicht. Irgendwer verschloss ihm den Mund.

»Opa, du bist ja ganz winzig«, hörte er wie von weit her seinen Enkelsohn rufen. Und, ihr glaubt es kaum, dieser Satz oder sollte ich sagen das wiedergefundene Fernrohr, der Stolpergegenstand, veränderte den alten Herrn Zauner. Als seine Schwiegertochter ihm kurz vor
Weihnachten den frisch gebackenen Christstollen brachte, nahm er
ihn in die Hand, roch daran und sagte: »Hm, riecht gut! Danke!« Am
Abend fragte die Schwiegertochter ihren Mann: »Du, dein Vater ist so
anders, er wird doch nicht ernsthaft krank sein?«

Nein, nein, so schön gehen die Geschichten nicht immer aus. Manchmal wird es auch gefährlich. Wie damals mitten im Winter.

Der Boden war gefroren und es hatte geschneit. Ich eilte zu Frau Palinkowski, von der ich gehört hatte, sie würde seit einigen Tagen, den
Kopf in die Hände gestützt, die Wand anstarren und sei doch früher
eine so lebenslustige Frau gewesen.

Auf dem Gartenweg zu ihrer Haustür blieb mein Fuß im Schnee hängen. Ich wäre beinahe hingefallen, hätte die Fußangel nicht nachge-

geben. Ein Gummiband. Ich kannte solche Bänder, wie sie Mütter ihren Kindern mit dem Hausschlüssel an die Hose knoten. Und tatsächlich, der Schlüssel war im Eis unter dem Schnee festgefroren. Ich kniete mich in den Schnee und taute mit meinem Atem den Schlüssel vom Eis frei. Dann trat ich ins Haus. Frau Palinkowski saß am Küchentisch, auf dem noch das Frühstücksgeschirr stand und starrte aus dem Fenster.

Sie war erstaunt und überrascht von meinem Besuch. Wer mich geschickt hätte, wollte sie wissen. Ich konnte ihr das Geheimnis nicht erklären und legte einfach den Schlüssel mit dem Gummiband auf den Tisch.

Sie nahm ihn in die Hand und stand auf. Dann ließ sie mich einfach sitzen und ging die Treppe hoch. Über mir begann es zu poltern. Ich war noch nicht ganz aus dem Haus, da hörte ich, wie im ersten Stock ein Fenster aufgerissen wurde, und da flogen mir auch schon die Sachen nur so um die Ohren: Hefte und Bücher, Bleistifte, verschimmeltes Brot, angebissene Äpfel, Pantoffeln, Flaschen, Kleider, Schuhe. Alles flog in hohem Bogen auf die Straße.

»Den Saustall werde ich ausmisten, ganz und gar ausmisten!«, hörte ich Frau Palinkowski schreien und wieder kam eine Ladung aus dem Fenster geflogen. Ich hielt den Atem an und drückte mich, eng an die Hauswand gelehnt, davon. Merkwürdig, dachte ich, in welche Tür hat der Schlüssel gepasst?

Und noch eine seltsame Begebenheit ist mir passiert:
Nein, direkt gestolpert bin ich darüber nicht.
Ich habe das alte Taschenmesser nur unter dem großen Zeh des rechten Fußes wie ein Hindernis auf dem Weg gespürt, mich gebückt und es aufgehoben. Allerdings, das war ein Ding: Ein in Elfenbein eingefasstes Taschenmesser steckte da im Dreck. Ein Taschenmesser mit drei

Klingen und – das hab ich noch nie gesehen, mit einem ausziehbaren Meterband aus hauchdünnem Stahlblech.

Der 11-jährige Sohn von Herrn Zinn hatte mich dringend gebeten, vor dem Zeugnisstag doch einmal mit seinem Vater zu reden. Dieser war sehr erstaunt, als ich ihm das Taschenmesser überreichte. Er musterte mich mit den Augen von oben bis unten, lächelte und sagte:

»Das einzig Erinnerungsstück, das ich noch von meinem Vater habe! Wissen Sie, schon als kleiner Junge habe ich damit alles nachgemessen.«

Dann stutzte er: »Dass gerade Sie mir mein verlorenes Taschenmesser wiederbringen? Merkwürdig!« Er drehte das Taschenmesser ein paar Mal in der Hand hin und her. Dabei traten ihm die Tränen in die Augen. Tief berührt bist du, dachte ich und verabschiedete mich.

Er bedankte sich überschwänglich. Ich wisse gar nicht, was für ein großes Geschenk ich ihm gemacht hätte. Nein, um ehrlich zu sein, ich wusste es so lange wirklich nicht, bis ich auf dem Markt seine Frau mit ihrer Freundin traf. Die beiden waren so ins Gespräch vertieft, dass eine unbezwingbare Neugierde mich magnetisch in ihre Nähe zog und ich ein paar Gesprächsfetzen mitbekam: »Du«, sagte seine Frau, »es ging gut mit dem Zeugnis. Seit der Fremde da war und ihm das Taschenmesser gebracht hat, ist er wie verwandelt.« Flüsternd fügte sie hinzu und fasste die Freundin dabei am Ellbogen: »Stell dir vor, er hat das Maßband einfach abgezwackt!«

Die letzte Stolpergeschichte ist für mich die merkwürdigste.

Ich saß im Zug, wollte nach Gießen und musste in Frankfurt umsteigen. Schräg gegenüber saß ein kleines Mädchen mit seiner Mutter. Nein, ich konnte das Alter des Kindes beim besten Willen nicht einschätzen und ich habe mich, wie später deutlich wurde, gründlich geirrt. Dem Gespräch nach schien mir das Mädchen recht vernünftig und fast erwachsen zu sein. Doch ich beobachtete, wie es immer wieder seinem Teddybären, den es fest im Arm hielt, etwas ins Ohr flüsterte.

Das Gespräch zwischen den beiden verstummte bald, bis die Mutter kurz vor Frankfurt sehr energisch sagte:

»Du hast es mir fest versprochen. Und du weißt auch, dass wir gerade deswegen extra zur Oma fahren. Ich hoffe, du brichst nicht dein Wort!«

Das Mädchen nickte stumm, kämpfte mit den Tränen und drückte seinen Teddy noch fester an sich. »Auf Wiedersehen«, flüsterte es ihm ins Ohr, als es knapp vor mir aus dem Zug stieg.

Ich hatte die beiden bereits im Gedränge aus den Augen verloren, als ich plötzlich ins Stolpern kam. Meine Tasche fiel zu Boden, Äpfel und Orangen rollten auf die Gleise. Zwischen den Füßen spürte ich etwas Weiches, den Teddybär! Hastig steckte ich ihn mir unter den Arm, verborgen im Mantel, klopfte den Staub von meiner Hose und ging weiter. Warm fühlte er sich an, der Teddybär. Ich drückte ihn fest an mich und schmunzelte in mich hinein.

Im Zug nach Gießen suchte ich mir ein leeres Abteil und holte den Teddy heraus. Er war sehr abgegriffen. Besonders sein linkes Ohr. Ja, ein wenig schmuddelig war er, der Teddy, ganz abgeliebt.

Er trug eine grobmaschig gestrickte Weste und eine karierte Hose.

In seiner Hosentasche fand ich, sorgfältig zusammengerollt, einen Zettel:

Auf Wiedersehen!

Und vielleicht besuchst du mich mal.

Ich brauche dich!

Sybille Glockenberg, Sandstraße 17/2, Darmstadt.

Ja und daraufhin bin ich eines Tages, es war bereits im Frühjahr, einer inneren Unruhe folgend mit dem Teddy nach Darmstadt gefahren. Es war höchste Zeit!

Als ich in der Sandstraße 17/2 bei Glockenbergs klingelte, meldete sich niemand. Die Nachbarin gab mir die Auskunft, die Eltern würden beide arbeiten, und das Mädchen mache deshalb niemandem auf. Es sei, im Vertrauen gesagt, in letzter Zeit viel krank und die Eltern machten sich große Sorgen. Für ihre 13 Jahre sei sie noch sehr verspielt. Unwillkürlich blickte ich nach oben und sah hinter der Gardine ein kleines, schmales Kindergesicht. Ich zog den Teddy aus der Tasche, winkte dem Kind damit, stellte ihn vor die Haustür und verschwand. Selbstverständlich habe ich mich ein wenig später nochmals nach dem Mädchen erkundigt.

Es gehe ihm sehr gut, sagte die Nachbarin. Sie sei, so habe die Mutter erzählt, seit einiger Zeit in der Klasse, besonders im Sport, die Beste.

Wer ich bin, ich, der stolpernde Engel? Ja, diese Frage habe ich erwartet. Ich muss euch allerdings enttäuschen. Auf die Antwort werdet ihr noch ein Weile warten müssen, bis ihr selbst – hoppla, schon wieder bin gestolpert? – Du meine Güte, was liegt denn da wieder auf meinem Weg?

32. Alle meine Botengänge sind Wege der Gerechtigkeit

Jesaja 32, 17

Wer bin ich, der stolpernde Engel? Soll ich dir mehr von mir erzählen? Ja, das verstehe ich gut, du möchtest Zahlen, Ortsnamen, Zeitgenossen …

Da muss ich dich erneut enttäuschen. Was würde es dir bringen, wenn du wüsstest, dass ich im Jahre X in diese Welt gekommen, am Ort Y geboren bin? Na ja, du könntest dich erinnern, nachschlagen, in den historischen Archiven blättern. Bestenfalls könntest du auf diese Weise den Stoff meiner Kleider, ihren Zuschnitt, die Mode meiner Zeit herausfinden. Meine Hülle und vielleicht noch Randbereiche meiner Gedanken erkunden.

Wer bin ich? Der Vergleich mag befremden, aber es ist ähnlich wie bei einer Münze. Ein Stück Silber wird geprägt, durch große Hitze, starken Druck und durch das Bild des Prägesiegels, so entsteht aus einem Silberstück eine Münze. Ich könnte es dir aber auch am Beispiel des Stolperns deutlich machen.

Die Stolpergeschichten, mit denen ich mich vorgestellt habe, deuten meine Person ja bereits an. Und, das hast du fein gespürt, es geht nicht um ein zufälliges Hängenbleiben meines Fußes an einem Hindernis. Das ist sozusagen die Außenhaut. Nein, das Stolpern hat eine Innenseite. Stolpern kann auch eine innere Unruhe sein, die dich plötzlich überfällt, ein Aus-der-Bahn geraten deiner Gedanken. Die Gefühle purzeln durcheinander, deine Lebenspläne verschwimmen, so wie wenn jemand Wasser über den mit Tinte geschriebenen Brief schüttet. Ja, zwischen äußerem und innerem Stolpern gibt es viele Parallelen, deutliche Ähnlichkeiten.

Wenn du zum Beispiel über eine Wurzel stolperst, schürfst du dir das

Knie auf, die Handfläche, schlimmstenfalls auch das Gesicht, den Nasenrücken oder die Wangen. Das brennt fürchterlich, besonders an den dünnhäutigen Stellen.

Ich sehe, du weißt sehr gut, dass innere Verletzungen noch brennender schmerzen. Dort innen kannst du keine lindernde Salbe auftragen. Äußere Wunden sind sichtbar. Das Pflaster auf deinem Knie mahnt jeden zur Vorsicht. Nicht anstoßen! Die verbundene Hand wird niemand fest drücken. Aber nur feinfühlige Menschen erkennen deine Seelenschürfwunden und gehen behutsam mit dir um. Den meisten bleiben sie verborgen. Sie legen unbedacht ihre schmutzigen Finger in die offenen Wunden. Jetzt merke ich selbst, dass ich innerlich unruhig werde. Es wird Zeit, aus dem Alltag zu erzählen:

Es war wenige Jahre nach dem letzten großen Krieg. Mein Vater war aus der Gefangenschaft heimgekehrt. Wir beide, mein älterer Bruder und ich lernten bald den Vater, der uns wie ein fremder Onkel erschien, zu akzeptieren. Mir fiel das schwerer und, das durchschaute ich erst viel später, meinem Vater ging es ebenso. Jedenfalls stolperte ich mächtig, als wir dem plötzlich anwesenden Vater unsere bescheidene Briefmarkensammlung zeigten. Er ging dann nach oben und schenkte meinem Bruder einige prächtige Sondermarken aus dem Land, in dem er seine Gefangenschaft zugebracht hatte. Für mich blieben nur ein paar gewöhnliche Marken übrig. Er mag ihn viel lieber, durchfuhr es mich und ich stolperte in ein tiefes Gefühl von Wenigerwert-Sein hinein. Überall entdeckte ich fortan ein Anzeichen dafür.

Ich musste erfahren, dass nicht nur Hitze und Druck prägen können, sondern auch die Zeit, die ständige Wiederholung, der stete Tropfen, der weh tun kann.

Ich glaube es ist nicht nötig zu beschreiben, wie die Erfahrung, weniger geliebt zu sein, die eigene Gangart, das Lebensgefühl verändert, wie tief sie den Menschen prägt.

Allerdings gibt es wie bei jeder Münze auch die andere Seite, die Wertzuschreibung, den Wertzuwachs: Die Gerechtigkeit wurde mein Thema. Es kam aus der Tiefe, wuchs aus den schmerzlichen Erfahrungen zu einem fest verwurzelten Baum.

Das biblische Wort Gerechtigkeit bedeutet viel mehr als der gültige juristische Begriff, das hatte ich erfahren. Gerechtigkeit umfasst alles, was in Bezug auf Leib, Seele und Geist, in Bezug auf die Umgebung und für die Zukunft richtig und gut für einen Menschen oder eine Gruppe ist. Gerechtigkeit kennt keine Grenzen, darum meine Liebe zu Ökumene, der ganzen bewohnten Erde. Fast alle meine Botengänge als Engel zu den Menschen sind im weitesten Sinne Wege zur Gerechtigkeit. Ein Leitspruch, wenn man so will, ein Lebensmotto ist mir jenes Wort des Vordenkers Jesaja geworden:

Und der Gerechtigkeit Frucht wird Friede sein.

(Jesaja 32, 17)

33. Wie mir Flügel gewachsen sind

Jesaja 40, 29 + 31

Du glaubst, dass du mich identifiziert hast, mich jetzt bereits kennst? Bist du dir da ganz sicher? Dann leg bitte die folgende Geschichte beiseite und überprüfe deine Erkenntnis. Wenn du aber die kleinste Unsicherheit in dir spürst, dann lade ich dich ein, weiterzulesen. Der erste Buchstabe der folgenden Geschichte verrät dir, ob deine Vermutung stimmt. Mit diesem Buchstaben fängt mein Vorname, ein Doppelname, an:

Jahrelang bin ich in sie hineingefallen, so wie ein Tier in eine Fallgrube. Vor ihnen waren Stolperdrähte gespannt oder Gegenstände aufgebaut, die meinen Fuß unweigerlich zum Stolpern brachten. Ich fiel hin und spürte, die Bodendecke war dünn, sehr dünn. Vergeblich streckte ich die Hand aus, um eine andere oder wenigstens ein Geländer zu fassen. Der Griff ins Leere war jedes Mal ein Schock, bis die Füße Boden spürten. Wieder einmal saß ich in einem dunklen Loch meiner eigenen Lebensgeschichte. O ja, das habe ich schon oft gehört, den gut gemeinten Rat. Ich sollte bestimmte Wege meiden, oder nur bei Tage begehen. Schön gesagt! Was aber, wenn du auf einem ausgetretenen, breiten, vielbewanderten Weg, plötzlich stolperst und abstürzt? Du sitzt im Kreis der Freunde, wanderst über eine blühende Wiese, genießt ein Konzert oder schwimmst im Meer und stolperst plötzlich – über eine Bemerkung, eine Baumwurzel, eine Melodie, ein Bild, eine Erinnerung. Und der Horizont zieht sich zu, die Sonne verfinstert sich. Du hörst alles wie aus weiter Ferne. Die Farben verfließen in ein Grau in Grau. Der Gesang der Vögel verstummt und die Kesselpauken, wie hast du ihn geliebt diesen Konzertsatz, verbinden sich mit deinem Herzschlag, Platzangst befällt dich. Das Rauschen des Meeres verwandelt sich in ein bedrohliches Grollen. Dein Ohr schmerzt.

Nein, nein, du kannst sie beim besten Willen nicht umgehen. Die dunklen Löcher, das erkannte ich bald, sie gehören zu meiner Lebensgeschichte. Sie sind aufs Engste mit frühen Erfahrungen verbunden. Du glaubtest alles längst vergessen und erledigt zu haben. Dann brechen sie aus dunklem Grund durch den Asphalt und drängen ans Licht des Bewusstseins.

Zurück zu meiner Geschichte: Dunkel war es auf dem Grund der Fallgrube, dunkel und feucht. Es war schwer, die Schuhe aus dem aufgeweichten, schlammigen Boden zu ziehen. Sie klebten gleichsam am Grund. Je mehr einer gezogen wurde, umso tiefer sank der andere ein: Ein sinnloses Strampeln, bei dem, auch das habe ich erst später wahrgenommen, die Wadenmuskeln gewachsen sind.

Wie ich aus solch einem Loch herausgekommen bin?

Nun, ich deutete es bereits an, es hat Jahre gedauert, bis mir überhaupt bewusst wurde, dass es sich um Löcher in meiner Lebensgeschichte handelte. Ein guter Freund machte mir Mut, Menschen zu suchen, die viel Erfahrung haben, um mit mir in die Dunkelkammern meiner Lebensgeschichte zu steigen.

Bis dahin habe ich sozusagen einfach gewartet. Auf das Licht gewartet. Die alltäglichen Pflichten, das Schuheputzen, Bügeln, Spülen, Kinderwickeln, Briefe schreiben … alle Tätigkeiten waren eine große Hilfe. Keiner soll sie verachten, die alltäglichen Pflichten und Zwänge. Sehr geholfen hat mir, das mag nun merkwürdig klingen, das Wort, das in den Heiligen Schriften oft gebraucht wird: »Siehe!« Alles fängt mit dem Sehen, dem Wahrnehmen der Wirklichkeit, dessen was wirkt, an. Was ist Wirklichkeit? Ein unendliches Thema für Engel – ein Stolperthema!

»Siehe!« Als hätte ich selbst keine Augen im Kopf, habe ich durch meine Mitmenschen sehen gelernt. Ja und dann, ich erinnere mich noch gut, dann sind sie mit mir hinuntergestiegen in solch ein dunkles Loch meiner Lebensgeschichte. Sie haben mich ermutigt, die Wände abzutasten, zu riechen, die Stimmen aus dem dunklen Grund zu hören. Ich saß sozusagen wie als kleiner Junge am Küchentisch, roch den penetranten Geschmack der Ziegenmilch, hörte die vertrauten Stimmen, spürte die Kälte auf dem kahlgeschorenen Kopf und löste die Zehner-Marken vom Briefpapier. Die Zeit, Kind sein zu dürfen, war zu kurz. Zu früh wurde ich in die Probleme der Erwachsenenwelt eingeweiht. Das war eine zu schwere Last. Ich konnte mich nicht dagegen wehren, ja, ich habe es lange Zeit überhaupt nicht durchschaut – ich kam mir sogar noch besonders wichtig dabei vor. Ich hoffe, einige werden das verstehen. Sie ist, jedes Mal wenn ich daran rühre, sehr dünnhäutig, diese Stelle in meiner Seele und schmerzt immer noch.

Diejenigen, die mit mir in das dunkle Loch gestiegen sind, haben mir später von ihren eigenen Lebenslöchern, den Dunkelkammern erzählt. Ich lernte mit ihnen, um Hilfe zu rufen. Und was noch schwerer ist, Hilfe anzunehmen, die heruntergelassenen Strickleitern zu sehen und zu ergreifen. Die Freunde zeigten mir, wie ich Stufen in die Wände graben musste, ohne abzurutschen. Dann war es für mich das Schönste zu sehen, wie sie über die Flügel staunten, die mir gewachsen waren. Flügel, die ich vorher nie wahrgenommen, geschweige denn benützt hatte. Kurz, ich lernte etwas, was ich schon lange, doch leider nur mit dem Kopf wusste:

Wir sind aufeinander angewiesen, wenn wir uns selbst, die anderen, das Leben, Gott lieben. Keine, keiner kann alleine lieben lernen. Ich auch nicht! Und ich lernte, meine Flügel zu gebrauchen.

Die Gewissheit, auf dem richtigen Weg zu sein, beflügelt den eigenen Schritt. Das letzte Stück geht sich plötzlich leicht, weil hinter den Wegbiegungen immer wieder das Ziel sichtbar wird.
Doch immer, gegen alle Erwartung, gilt es auch auf dem letzten Wegabschnitt kleine Umwege zu machen ...

Quellen

Die Bibel nach der Übersetzung Luthers, Deutsche Bibelgesellschaft Stuttgart, Stuttgart 1989

Die Bibel im heutigen Deutsch, Die Gute Nachricht des Alten und Neuen Testaments, Deutsche Bibelgesellschaft, Stuttgart [2]1982

Die Heilige Schrift des Alten und Neuen Testaments, Die Züricher Bibel, Deutsche Bibelstiftung, Stuttgart [17]1980

Heschel, Abraham Joshua: Gott sucht den Menschen, Neukirchner Verlag, Neukirchen-Vluyn 1989

Veit, Marie: Theologie muss von unten kommen, Peter Hammer Verlag, Wuppertal 1991

Anzeigen

Helmut Herberg

Von Eseln, Querdenkern und Habenichtsen

31 humorvolle Geschichten zur Bibel
180 Seiten

Die heiteren und besinnlichen Erzählungen sind
eine abenteuerliche Reise quer durch die
Schöpfung und andere Themen aus der Bibel.
**Bibelpreis der Evangelischen Landeskirche
Württemberg!**

Markus Arnold

24 Geschichten zu den Festtagen im Kirchenjahr

Für Familiengottesdienste, Katechese und
Religionsunterricht
160 Seiten

Unterhaltsame und anregende Geschichten
zu den wichtigsten Festtagen im Kirchenjahr
sprechen Kinder und Erwachsene gleichermaßen an und bieten einen vollwertigen
Predigtersatz.

Anzeigen